조선의 결혼과
출산 문화

* 이 도서의 국립중앙도서관 출판예정도서목록(CIP)은 서지정보유통지원시스템 홈페이지(http://seoji.nl.go.kr)와 국가자료공동목록시스템(http://www.nl.go.kr/kolisnet)에서 이용하실 수 있습니다. (CIP제어번호: CIP2020036695)

1 국학진흥원 교양학술 총서
고전에서 오늘의 답을 찾다

조선의 결혼과 출산 문화

한국국학진흥원 연구사업팀 기획 | **박희진** 지음

은행나무

| 일러두기 |

* 단행본과 학술지, 잡지는 『』로, 논문과 시문 등 그 자체로 책의 형태가 아닌 저작은 「」로 표기했다.

책머리에

이 책은 조선 시대 인구 현상과 혼인 및 출산 등 그동안 연구해온 주제를 중심으로 필자의 소견을 정리한 것이다. 인구 현상은 인간의 삶에서 다양한 모습으로 우리에게 다가온다. 양적 지표로 나타나는 인구 현상은 인간의 삶과 문화라는 질적인 문제와 관련된다. 조선 시대 사람들의 인간에 대한 인식, 조상 및 자식에 대한 태도 등이 혼인, 출산, 사망이라는 양적지표에 묻어나기 때문이다. 인구 현상과 관련된 지표들을 통해 우리는 조선 시대 선조들의 일상적인 삶과 인식 및 문화를 반추할 수 있는 것이다.

또 과거와 현대의 연결점을 찾아, 저출산에 대한 방안을 제시하는 작업이었다. 예를 들어 종법 질서의 강화로 인한 남아 선호 현상은 높은 사망력과 맞물려 조혼 풍습을 야기하고 있으며, 20세기 후반까지도 출산에 영향을 미치고 있다. 이와 같이 원고를 부탁받고 집필을 시작하면서 혼인과 출산 등과 같은 인구 지표를 통해 출산 문화를 해석하고 그 문화적 전통을 현대와 연결 지을 수 있을 것이라는, 막연하지만 희망 섞인 바람을 가졌다. 결과는 전통 사회에 대한 필자의 무지함을 확인하는 과정이었다. 특히, 두 가지 문제를 해결하지 못했다.

첫째, 시대간 연결 문제이다. 피임이 가능하게 된 현재, 혼인과 출산은 필수가 아닌 선택의 시대로 접어들고 있다. 한국 사회의 특성상 너무나 빠른 속도로 문화적 전통들이 변화하고 있어 전통적 혼인 및 출산에 대한 문화는 이미 현재의 문화와 너무 동떨어져 버린 상태이다. 둘을 관련지어 정리하기에는 필자의 역량이 부족하다.

둘째, 지역적 · 계층적 통일성이다. 전통 사회의 혼인 방식이나 출산 등과 같은 문화나 행위도 너무나 다양한 형태로 존재하여 통일적인 설명이 곤란하다. 21세기를 사는 현대인으로서는 이해할 수 없거나 설명할 수 없는 부분도 존재한다. 사투리의 다양함에서 알 수 있듯이 조선 사회는 계층별 · 지역별로 매우 다양한 문화를 가진 사회였다. 하지만 계층적으로는 평민이나 하층민들의 인식과 문화, 그리고 지역적으로는 팔도를 아우르는 문화 체계를 파악할 수 있는 자료가 없으며, 오늘날 우리에게 알려진 혼인과 출산 문화에 관한 대부분의 내용은 왕실이나 양반과 같은 일부 계층들에 국한되어 있다.

이 책을 통해 조선 사회의 혼인과 출산에 관한 다양한 모습을 보여줄 수 있다면 좋겠지만 솔직하게 고백하자면, 현재로서는 인구, 혼인, 출산 문화와 같은 주제 중 어느 한 가지도 자신 있게 설명할 수 없다. 그럼에도 불구하고 본 연구서를 집필한 이유는 현재까지 연구된 성과들조차 제대로 정리되거나 잘 알려져 있지 않기 때문이다. 그간의 연구들을 돌아보며, 스스로 더 분발하라는 반성의 계기로 삼고 싶었는지도 모른다.

무엇보다 가능한 한 쉽게 서술하려고 노력하였다. 책의 근본 취지가 일반인들의 교양을 함양하는 것이므로 인구와 혼인과 출산에 관해 최대한 이해하기 쉽게 구성하였다. 먼저 기존 연구와 함께 새로운 문헌들을 정리하고 정량적인 인구 지표로 뼈대를 만들고, 정성적인 개념이 강한 혼인과 출산 문화로 살을 붙이는 작업을 수행하였다. 예를 들어 인구 추이를 파악하기 위해 출생과 사망 정보를 제공하는 자료를 서술하고 이를 바탕으로 각종 인구 지표를 산출하였다. 출산이나 혼인 지표를 통해 조선 사회의 장기적인 변화가 출산 문화에 어떠한 영향을 미쳤는지 살펴보았다.

부족하나마 노력을 거듭하여 이제 조그마한 결실로 이어졌다. 책을 기획하고 만들기까지 지원을 아끼지 않으신 한국국학진흥원의 최은주 박사, 김중희 박사, 그리고 교열을 비롯해 출간까지 수고해주신 은행나무 출판사 허단 선생의 도움에 감사드린다.

2020년 9월

박희진

차 례

머리말

"우리는 선진국의 저출산에 의한 인구 감소를 걱정합니다. 때로는 아프리카를 비롯해 동남아시아 국가의 과잉인구를 걱정합니다. 인구 증감에 대한 전문가들은 세계 인구가 당분간은 아주 완만하게 증가하다가 10년 후부터는 감소 추세로 돌아설 것이라는 데 동감하고 있습니다. 1세기 내에 세계 인구는 현재 65억에서 60억으로 감소하게 됩니다. 150년이 지나면 55억으로, 2백 년 후에는 절반에 가까운 30억으로 줄어들 겁니다. 그리고 3백 년이 지나면 20억으로 줄어들고 그때는 증감이 없어질 겁니다. 불로장생의 시대가 완전히 자리를 잡기 때문입니다."

저명한 보건통계학자이자 인구학자인 한스 로슬링Hans Rosling은 한국의 인구뿐 아니라 세계 인구 전체가 장차 감소할 것이라며 위와 같이 말했다. 한국은 지금

제2차 인구변천 과정에 있지만 전 세계적으로도 10년 뒤 제2차 인구변천이 진행될 것이라는 전망이다. 과잉 인구를 걱정하던 것이 불과 수십 년 전인데, 지금은 세계에서 가장 낮은 출생률이 인구 감소, 노령화, 노동력 부족, 성장 잠재력 감소, 삶의 질 하락으로 연결될까 걱정하고 있다. 산업혁명 이후 진보와 발전의 지상 과제 속에 달려온 인류의 문명은 오늘날 출산력 하락으로 제2차 인구변천이라는 한계적 상황에 도달하여 새로운 진로의 모색이 필요한 것이다.

한국 사회도 저출산·고령화가 급격히 진행되는 제2차 인구변천에 돌입한 상태이다. 현재 한국에서 맞이할 인구 절벽의 가능성은 단순히 인구구조의 변화를 넘어 사회의 재생산 자체를 위협하는 실정이다.

전통적인 다산다사의 사회에서 현대의 소산소사 사회로의 인구변천 과정을 설명한 것이 제1차 인구변천 이론이라면, 제2차 인구변천 이론은 출산율의 저하로 인한 인구 감소가 진행되는 과정을 설명하는 이론이다. 제2차 인구변천의 핵심은 저출산 문제이다. 저출산 현상은 다양한 요인들이 유기적으로 연결되어 있다. 혼인율의 감소, 초혼 연령의 상승, 이혼율의 상승, 자녀에 대한 가치관 등 가족 형성과 관련된 변수들이 1차적인 요인으로 나타나는 한편, 그러한 1차적 요인들에 영향을 미치는 많은 사회경제적 요인들이 복합적으로 연결되어 있기 때문이다. 예를 들어 현재의 낮은 출산율은 교육 수준이 높아지면서 혼인 연령이 높아지는 이유도 있겠지만 여성들이 직장 생활과 육아를 병행해야만 하는 부담이 가중됨에 따라 출산을 기피한 결과이기도 하다.

오늘날 한국의 인구 현상을 이해하기 위해서는 그 배후에 존재하는 장기적 사회구조와 변동의 맥락에 대한 이해가 필요하다. 인구는 단순히 숫자가 아니라 사회변동과 유기적인 관련을 맺고 있는 사회의 한 구성 부분이기 때문이다. 인구가 관리되고 조절되는 메커니즘은 그 사회의 생존, 생활, 생산방식과 밀접히 연관된다. 최근의 출산력 저하를 불안정한 노동시장, 가족 형성의 지연과 약화, 양성평등 관념의 확산 등과 관련지어 설명하는 이유도 여기에 있다.

인간은 태어나서 배우자를 만나고 자식을 낳으며, 늙고 병들어 죽는다. 사람들의 생로병사는 각 개인에게 있어서 매우 중요한 일이기도 하지만 사회현상과도 밀접한 관련을 맺고 있다. 현재의 출산, 혼인, 사망과 같은 인구 지표들은 과거의 사회 문화적 현상에 영향받은 결과이기 때문이다. 또한 장기적인 인구동태는 사회에 대한 단절적이고 현재적 과정일 뿐만 아니라 전근대로부터 근대사회로 이르는 장기적 사회변동 과정이기도 하다. 이러한 관점에서 오늘날 한국 사회에 연속적으로 선행하는 조선 시대의 제도문화적 맥락과 인구동태 사이의 연관을 조명할 필요가 있다. 현재의 출산율 감소는 앞으로도 지속적인 인구변천 과정의 하나로 파악되고 있으며, 이같은 상황에서 출산율을 늘리기 위해 조선 시대의 혼인과 출산의 행태로부터 출산 저하 문제의 원인과 해결 방법을 모색할 필요가 있는 것이다.

이를 위해 이 책에서는 조선 시대의 인구 증감의 주요 구성 요소인 출산율이 어떤 요인에 영향을 받고 있는지, 또 출산에 이르기까지의 과정과 출산에 관한 조선 시대의 문화는 어떠한 것들이 있는지에 대해 고찰하고자 했다. 1장에서는 조선 사회의 인구 자료와 한계 및 인구 추이에 대해 개괄하고, 2장에서는 출산율에 영향을 미치는 혼인 문화와 과정 및 혼인 연령에 대해 살펴본다. 3장에서 이를 바탕으로 출산을 전후로 한 문화를 통해 조선 사회의 단면을 살펴본다.

1장

조선의 인구 추이

인구는 해당 사회의 현상과 변화를 설명하는 중요한 도구이다. 피임과 같은 인위적인 조절이 미흡했던 전통 사회에서 인구는 사람들의 생활과 더욱 직접적인 관련을 맺고 있다. 사회의 부양 능력을 넘어선 과잉인구가 발생하면 식량 부족으로 인한 빈곤과 사회문제가 발생하였다. 질병, 자연재해, 전쟁 등으로 인해 인구가 급격히 줄어든 경우에도 생산 시스템 및 사회구조의 변화가 야기되었다. 이처럼 전통 사회의 인구 현상은 어느 지역에 거주하며 사회 생활을 하는 인간들의 생로병사에 대한 사회적이고 수량적인 표현이기 때문에 개인들의 삶과 사회현상을 담고 있다. 조선에서의 인구 현상과 삶도 마찬가지였다.

1 인구 파악 방법

루이 앙리Louis Henry가 미시적 자료를 이용하여 인구 현상을 분석하는 기법을 사용한 이후 현대적 인구사 연구 방법인 역사인구학 방법론에 의한 분석이 일반화되었다. 앙리는 프랑스의 가톨릭 교구에 기록되어 있는 교구 대장Parish registers으로 기존 연구와는 다른 인구 파악 방법을 적용하여 프랑스 전통 사회의 여러 인구 현상을 분석하였다. 가톨릭 신자들인 유럽 사람들은 세례, 혼인, 장례와 같은 일생의 행사들을 교회에서 수행하였다. 그리고 교회 관계자들은 그 행위를 발생 순서대로 기록하였다. 앙리는 아무런 연관성이 없는 상태로 존재하던 교회의 개별 기록들을 재분류하여 가족 단위로 재구성했다. 이같은 가족 재구성법Family reconstruction을 개발하였다. 가족으로 복원할 수 있었으며 이를 통해 혼인, 출산, 사망 등과 같은 가계도 전반에 관한 정보를 파악할 수 있게 되었다. 신뢰할 수 없는 인구조사를 바탕으로 작성한 남녀 및 총인구수라는 거시적 집계 자료를 근거로 인구 규모만을 측정하던 이전의 인구사 연구 방법에서 미시적 자료를 이용하여 출산율, 사망률 및 각종 인구 현상을 분석하는 역사인구학적 방법이 도입된 것이다. 앙리의 가족 재구성법으로 각기 떨어져 있던 개별 자료를 가족 단위로 분류할 수 있게 됨에 따라 역사인구학은 단순히 인구가 증가하였거나 감소하였다가 아니라 어떤 요인에 의해 인구가 증감되었는가를 분석할 수 있게 되었다.

앙리 이후에 출발한 새로운 인구사 방법론인 역사인구학은 출생, 혼인, 사망 그리고 이로 파생된 가족 및 사회를 분석하기 위해 장기적인 흐름을 파악할 수 있는 개인들의 출생과 혼인, 사망 등과 같은 대량의 미시적 인구 자료와 인구 및 사회 분석 방법이 필요하였다. 영국의 경우 양질의 인구 데이터를 이용하기 위해 전국적인 규모의 사업을 통해 535개 교구의 교구 대장 기록을 확보하였고, 그중 분석에 사용된 인원수만도 양질의

404개 교구에서 50만 명 이상이다. 일본의 경우 도쿠가와 막부德川幕府 시대에 작성된 종문개장宗門改帳이나 인별개장人別改帳을 이용하였다. 정町이나 촌村에서 수집된 3백~1천 명 규모의 6백여 마을의 인원이 인구 자료로 사용되고 있다. 또한 중국 연구에 사용된 자료는 호적과 족보 자료인데 현재까지 족보가 50여만 명 이상이 입력되어 있으며, 요령성 호적의 150만 명 이상의 개인 정보가 입력되어 사용되었다. 한국의 경우도 이미 각종 족보와 단성, 대구, 울산 지역 호적대장과 대한제국기 호적대장 등 각종 호적이나 족보 자료를 구축하였거나 진행 중에 있다.

미시적 자료의 구축과 함께 자료를 분석할 수 있도록 재가공할 필요가 있는데 기존의 인구학으로는 해결할 수 없는 인구 누락의 문제를 해결해야만 했다. 전통 사회의 자료들은 인구 연구를 위해 만들어진 자료가 아니므로 모든 국가의 전통 사회의 자료들은 각기 다른 자료적 문제를 가지고 있다. 유럽의 교구 대장은 가족을 재구성해야 하며 장기적인 가계도를 이어야 하는 문제가 있으며, 일본의 종문개장은 5세 미만의 영유아 사망 기록이 부실하며, 중국과 한국의 족보와 호적은 혼인 이전에 사망한 사람들의 기록이 부실하다는 특징을 가지고 있다. 앙리의 가족 재구성법은 이러한 고민에 의해 고안된 것이었으며, 이후 모델 생명표나 백 프로젝션Back projection과 같은 불완전한 자료를 보완하는 통계 방법들이 개발되었다.

대량의 미시적 인구 자료와 방법론을 통해 출산력, 혼인력, 사망력 및 인구 이동에 관한 기본적인 분석이 가능해졌고 인구 현상을 통해 사회를 해석할 수 있게 되었다. 가공된 미시적 자료에 나타난 결과는 곧 개개인의 삶의 궤적을 보여주는 것인 동시에 그 사회의 성격을 보여주는 것이다. 인구의 증가는 곧 식량 소비의 증가를 의미한다. 식량 생산의 증가 속도가 인구 증가 속도보다 느리다면 곧 생활수준의 하락으로 연결된다. 생활수준의 악화는 사망률의 증가를 의미한다. 역으로 지속적으로 사망률이 높아지는 추세를 보이고 있다면 그것은 바로 생활수준의 악화 추세를 의미하는 것이다. 사망률의 증가는 기존의 가계 계승 방식에 문제를 초래하게 된다. 사람들은 생활수준이 악화되는 과정에서 생존을 위한 여러 가지 시도를 하게 된다. 혼인 제도 및 연령의 변화, 피임, 낙태 등과 같은 출산 조절, 상속 방식의 변화,

가족제도의 변화, 생산성의 향상, 한계지의 경작, 상업 행위의 활성화 등을 통해 자신이나 가계의 유지와 계승을 도모하게 되고 인구에 대한 조절을 꾀하게 된다.

이상과 같이 역사인구학은 출생과 사망 및 혼인 기록, 인구 이동을 파악할 수 있는 미시적 자료를 근거로 인구와 사회경제 생활을 연계시킬 수 있는 방법론을 제공하였다. 또한 이를 통해 역사학, 사회사, 역사인류학, 경제사 등 인접 학문에 다양한 새로운 지식을 제공할 수 있게 되었다.

2 고문헌으로 인구 파악하기: 한국의 역사인구학 자료

호적: 누락을 수반한 조선의 인구 파악 방식

전통 사회의 인구를 파악하기 위해 사용되는 자료는 호적, 족보, 혼서, 행장류 등이 있다. 전통 사회에서 인구 파악은 매우 중요한 업무였다. 인구가 파악되어야 이를 바탕으로 백성들에게 조세를 부과하고 국방이나 요역을 부과할 수 있기 때문이다. 신라의 호적 문서인 신라장적新羅帳籍과 고려 시대 호적 등으로 보아 우리나라의 호적은 최소한 삼국시대 이후 계속 작성되어왔던 것을 알 수 있다. 조선 시대 호적은 1468년 반포된 『경국대전』에 그것의 작성과 관련된 규정에 의해 3년마다 전

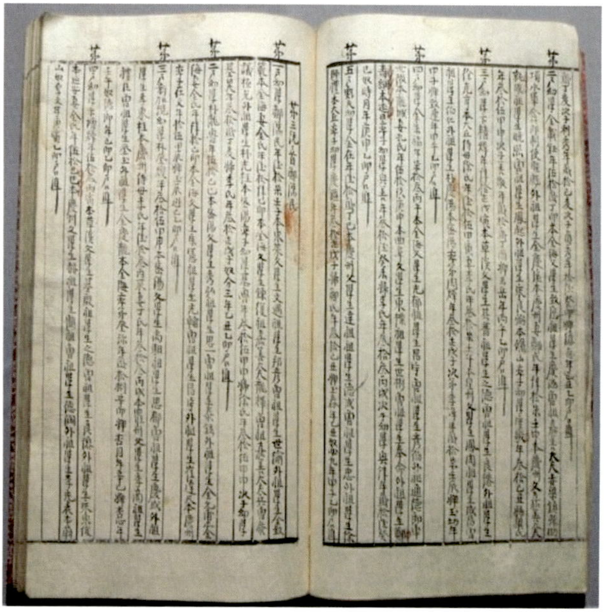

언양현 호적대장 호적대장은 호구단자를 받아 호적대장을 성책한다. 성책된 호적대장은 1부는 각 군현에 보관하고, 1부는 감영에 제출하며, 나머지 1부는 한양으로 올려 보낸다. 위의 대장은 언양현에서 관리하던 것이다.

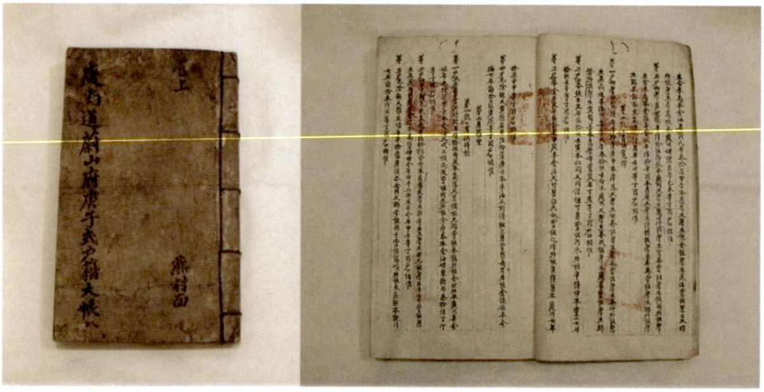

경상도 감영본 울산 호적대장 조선 시대 관찰사가 일을 보던 관아를 '감영'이라 한다. 울산 웅촌면의 호구 기록이 담겨 있다.

국에 걸쳐 작성되었다. 하지만 임란 이전의 호적은 임란과 같은 전란으로 대부분 소실되었으며, 현재에는 대구, 울산, 단성, 언양 등 17세기 후반 이후 작성된 경상도 일부 지역의 대장만 남아 있다.

조선 시대 인구를 파악하는 중요한 목적 중 하나는 징세 및 징병과 같은 조세 목적과 사회적 신분을 구별하고 증명하는 것이었다. 조선 정부는 정부에 필요한 예산을 미리 확정한 후 인구와 토지량田結을 근거로 조세를 부과하였다. 조세는 크게 조용조租庸調로 불리는 공식적인 세금과 잡세로 불리는 비공식적인 세금이 있었으며, 세금을 부과하는 기준은 토지, 가구, 사람이었다. 조租는 토지세田稅로 토지의 양과 토지 생산성田分六等 年分九等에 의거해서 세금을 부과하는 반면 용庸과 조調 그리고 잡세는 사람과 가구의 수에 의거 부과하는 세금이었다. 용은 사람의 노동력에 부과하는 신역身役이었다. 군역과 요역이 대표적인 신역이었다. 신역을 부과하기 위해서는 사람 수를 파악할 수 있어야 하며, 호적에는 가족 구성원의 성명과 나이, 신분 등이 기재되어 있으므로 활용 가능하였다.

군역은 국방의 의무를 의미하며, 국방의 의무를 담당

하는 병사가 필요하였다. 조선에서는 16~60세의 모든 남자 성인은 국방의 의무인 군역 의무를 수행하여야 했다. 그러나 양반이라 부르는 관료들은 국가를 위한 관료로서 근무하고 있기 때문에 군역을 면제받았다. 그리고 관료가 되기 위해서는 높은 수준의 학문을 공부해야 하므로 예비 관료 집단인 유학자들도 자동적으로 군역이 연기되어 실제적으로는 군역에서 면제가 되었다.

군역과 함께 대표적인 신역인 요역은 가구를 중심으로 부과되었다. 요역이란 고을의 도로 보수나 정비, 관사의 개축 등과 같이 고을이나 지역의 공사에 필요한 인력 동원을 의미한다. 군역과 요역과 같이 신역을 위한 인원을 파악하기 위해 호적이 필요하였던 것이다.

신역이 사람을 대상으로 파악하는 것이라면 조는 국가 운영에 필요한 물품 등을 조달하는 공물을 의미한다. 공물은 가구를 단위로 부과하였다. 이 외에도 소송이나 과거 시험에 응시하는 경우 자신의 신분을 증명하는 자료로 호적 자료의 제출이 필수적인 것으로 보아 호적 자료는 일상생활에서 백성의 일원임을 증명하는 자료로도 활용되었다.

매 3년(식년) 단위로 실시되었으며 이를 집계한 자료

호적의 인구 추세

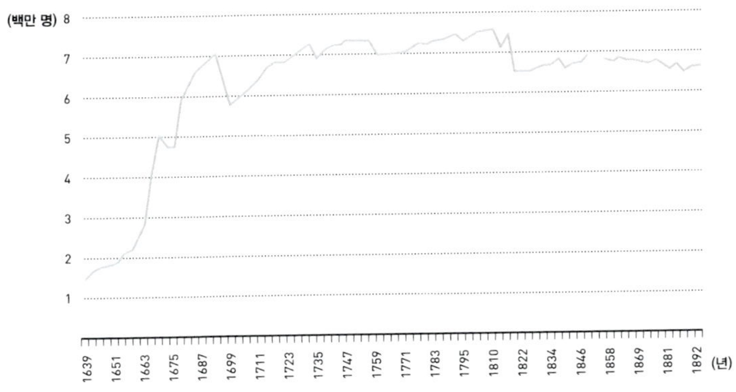

들은 『조선왕조실록』 『호구총수』 『승정원일기』를 비롯하여 각종 『읍지』 등에 나타나 있다. 호적에는 호의 구성원과 관계 및 출생 연도와 연령 등이 기재되었다. 호적은 조선 시대 행정 단위인 군현별로 작성되었다. 각 개별 가구에서 제출한 호적단자를 받아 해당 관청에서 이를 수합하여 정리한 후 중앙정부에 보고하였다. 중앙정부는 이를 집계하여 총인구를 산출하였다. 이렇게 작성된 총인구가 위의 그래프에 나타나 있다.

그래프에 따르면 17세기 인구는 매우 빠른 속도로 증가한 후 18세기 이후 1900년까지 장기적으로 정체 상태에 놓여 있다. 그러나 왕조실록에 나타난 인구를 그대로 적용하는 것은 무리가 있다. 조선 시대 호적에서 파악된 1892년의 인구 규모는 663만 명에 불과하다. 1910년의 상주인구 조사에서는 1,310만 명을 기록하고 있다. 18년 사이에 인구가 2배 이상 증가한 셈이다. 그리고 1910년의 상주인구 조사도 실제 인구에 비해 크게 과소평가되어 있다는 점에서 조선 시대 인구 기록에는 상당히 많은 인구가 누락되어 있음을 알 수 있다. 조선 시대와 같은 전통 사회에서의 인구 자료는 현대와 같이 인구 측정을 목적으로 작성된 통계자료가 아니기 때문이다.

조선 후기 호적은 생존하고 있는 모든 사람을 등재하는 문서가 아니었다. 호적에 실제 거주하고 있는 많은 사람이 누락된 원인은 다양하다. 호적은 조사 당시 생존하고 있던 모든 사람을 기록하는 핵법覈法을 원칙으로 했다. 성혼成婚 연령까지 생존한 남자를 중심으로 기록한 족보와는 달리 여자, 어린이, 노비를 모두 조사하여 기록하려 했는데 이는 부역을 징발하기 위한 목적 때문이었다. 그러나 납세자의 입장에서는 국역을 회피하기 위해 가능한 인구를 줄여서 보고할 인센티브가 있었으며, 현실적으로 흉년이 3년마다 있는 조선 사회에서 조세 부담을 줄이는 것이 마을이나 고을의 안정을 도모하는 데도 유리하였다. 백성들의 바람과 백성들의 현실적인 조세 부담 능력 등을 고려하여 조선 왕실도 관법寬法을 적용하였다. 정부 예산에 필요한 호구수(인구와 가구 수)가 충족이 되면 굳이 철저하게 조사하지 않았다. 그 결과 호적의 기록과 현실 사이에는 상당한 격차가 발생하였다. 18세기 단성 호적에는 혼인한 양반 및 상민 남성의 30~50퍼센트 정도가 누락되어 있는 것으로 정진영 2000 보아 조선 후기의 호구 파악 수준은 실제 인구의 40퍼센트 정도로 매우 불완전한 것이었다.

이 외에도 인구구성의 왜곡으로 인해 전체 인구를 파악하는 데는 문제가 있다. 1663년 서울 북부의 호적을 연구한 에드워드 와그너에 따르면 양인과 천민보다는 양반의 누락율이 높으며 딸은 거의 기록되지 않았고 남아는 아주 조금밖에는 기록되지 않았다. Wagner 1974 1720년 울산 대현면 호적에 연령이 높을수록 비중이 높아지는 '극히 비정상적인' 연령 분포가 나타나고 있다는 것을 보이고 있으며, 신용하·권태환 1977: 312 함경도나 제주도 같은 변방에서는 평균 호당 구수가 조선 후기에

항상 5명 이상이었지만 전라도는 평균 3.8명에 불과했다. Michell 1989: 9 부역을 피하기 위해 사람들이 호적 등록을 회피했기 때문이었다. 또한 연령 계층에 따라 누락율도 다르게 나타난다. 18세기 경상남도 단성 지역의 호적에 나타난 인구구성을 보면 16세 이하의 사람들의 누락 비율이 상대적으로 높으며, 신분별로도 남성과 여성의 성비가 다르며, 시기별로도 누락률이 일정한 패턴을 보이지 않는다. 18세기 단성 호적에는 혼인한 양반 및 상민 남성의 30~50퍼센트 정도가 누락되어 있으며 연령 계층, 성비 등이 시기별로 신뢰하기 힘든 인구구성을 보이고 있다. 김건태 2011

이처럼 조선 후기 호적은 생존하고 있는 모든 사람을 등재하는 문서가 아니었을 뿐만 아니라 그 누락의 규칙성을 파악하기 힘든 자료이다. 가장 큰 문제는 그 누락의 규칙성을 파악하기 힘들다는 것이다. 인구 누락의 원인이 너무 복잡하여 현재로서는 누락 원인을 모두 파악하지 못하고 있으므로, 호적을 이용하여 인구 추이를 파악하는 것은 현재로서는 쉽지 않은 상황이다.

그럼에도 인구 자료로서 호적이 중요한 이유는 모든 계층을 파악할 수 있으며, 가족 관계 및 사회관계에 대한 정보가 수록되어 있기 때문이다. 예를 들어 장기적인 신분 변동이나 가족 형태의 변화, 사회경제적 변화가 인구 현상에 미치는 영향을 설명하는 가장 기초적인 사료라는 점에서 매우 중요한 의미를 가지고 있다.

족보 : 부계 중심의 가계 기록

호적과 함께 조선 시대 대표적인 인구 자료는 족보이다. 15세기 안동 권씨 성화보 이후 많은 성씨들에 의해 간행되었으며, 현재까지도 증보판이 새롭게 만들어지고 있는 족보는 성혼한 부계의 남성을 중심으로 작성된 인구 자료다. 족보는 현재 전국적으로 분포하고 있으며, 역사 인구 자료 중 가장 방대하고 장기 시계열적인 분석이 가능한 자료이다. 현재 족보에 기재된 인물들은 몇천만 명에 달할 것으로 추산되고 있으며, 조선 시대 작성된 족보만 하더라도 6백 종이 넘게 전해지고 있다.

족보는 목적에 따라 다른 형태와 성격을 띠고 있다. 먼저 왕실 족보는 왕실과 외척에 관한 족보로 수십 차

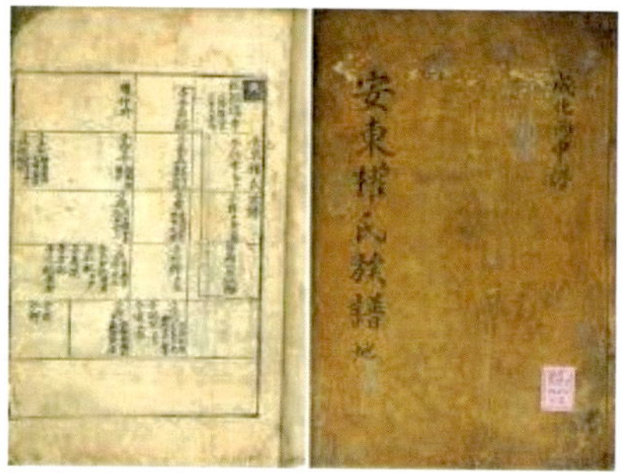

안동 권씨 성화보 1476년 간행된 현전 최고의 안동 권씨 족보. 이는 성화보(成化譜)라고도 불리는데, 여기에서 성화보라는 것은 성화 연간에 간행된 족보라는 뜻으로 간행 당시 중국 명나라 헌종 때 사용한 연호가 '성화'였다.

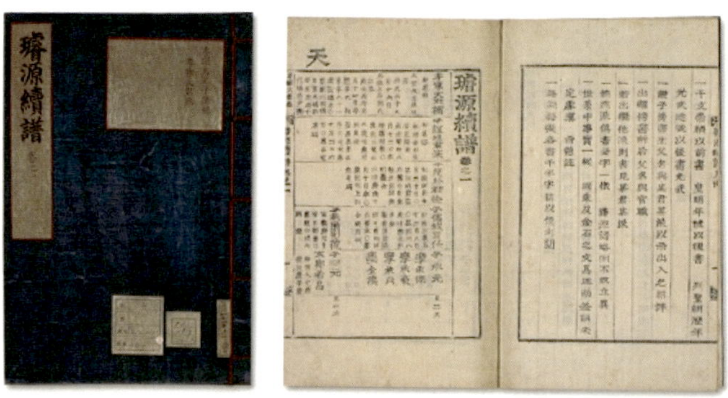

선원속보 왕의 왕자를 파조로 삼은 파보(派譜)를 모아 놓은 것으로는 사가(私家)의 대동보와 같은 고종 때 간행된 전주 이씨의 대동보가 있다. 이전에 계속 작성되어오던『선원계보기략』의 뒤를 이어 간행된 족보라 하여『선원속보』라 하였다. 1900년에 전주 이씨 20파, 1902년에 90파가 간행되어 총 110파의 파보가 간행되었다.

례 개수된『선원계보기략』과 왕의 외척의 가계를 기록한『돈녕보첩』 등과 전주 이씨의 선파족보인『선원속보』 등이 있으며, 1백만 명 이상의 인원이 기록되어 있다. 그 외 사가족보私家族譜는 일반인들의 족보를 가리킨다. 현재 거의 모든 성씨에서 족보를 발간하고 있으므로 가장 많은 한국인들을 수록하고 있으며, 비록 중상층 계층이라는 한계를 가지고 있으나 조선 시대 사람들의 출생과 사망 그리고 지리적이고 신분적인 장기 이동 등 인구변천이라는 측면에서 매우 유용한 정보를 담고 있다. 그 외 사마방목, 문과·무과방목, 잡과방목, 무보武譜, 문보文譜 등 족보의 형태를 띠고 있는 다양한 자료들이 존재하고 있으며, 이들은 모두 3세대 이상의 조상 정보를 가지고 있어 당시 지배층을 중심으로 한 네트워크나 계층 이동 등과 같은 현상을 보여주는 데 유용하다.

족보의 가장 큰 장점은 자료 자체가 이미 혈연관계별로 정리되어 있어 가족 재구성에 별다른 어려움이 없으며, 수백 년에 걸친 내용을 담고 있어 장기적인 시계열화가 용이하고, 전국에 살고 있는 사람을 싣고 있다는 것이다. 반면에 인구 자료로서 족보는 또한 여러 가지 문제가 있다. 먼저, 회고적 성격의 자료이므로 실제 생존했던 사람들이 선택적으로 누락될 가능성이 있다. 족보는 최소한 몇십 년 또는 백 년 이상 단위로 개수하였기 때문에 후손들이 선택적으로 조상들의 이름을 기록할 수도 있고 누락시킬 수도 있기 때문이다. 후손이 없는 경우, 족보 비용을 낼 수 없는 가난한 후손들이나 국가에 대한 반역과 같이 큰 범죄와 관련된 후손들도 선택적으로 누락될 수 있다. 무엇보다도 족보는 가계 계승의 연원을 살펴보는 것이 가장 큰 목적이므로 혼인한 성인 남성을 중심으로 작성되었다는 것이다.

족보의 기록은 성혼한 남성과 그 배우자들의 출생, 결혼, 사망에 대한 기록을 담고 있다. 즉 혼인 전 사망한 남자들에 관한 정보는 대부분 누락되어 있으며, 딸에 대한 정보는 사위를 통해 매우 제한적인 정보만 제공되고 있을 뿐이다. 뿐만 아니라 족보는 원칙적으로 중상위 계층인 양반들의 기록이므로 족보를 통해서는 상민과 노비 등과 같은 하위 계층의 인구의 변화에 관한 정보를 얻을 수 없다. 또 어떤 시점까지 족보가 유지되고 있는 가문은 일찍 대가 끊어진 가문에 비해 인구학적으로 혹은 경제적으로 혜택을 입은 집안일 것이다. 즉 족보가 계속 유지되고 있는 집안은 어떤 이유에서건 그렇지 않은 가문보다 남자 출산율이 높거나 사망률이 낮은 집안이므로 이를 바탕으로 전체 인구 증가율을 추정할 경우 실제보다 과대평가될 수 있다. 마지막으로 비양반 계층의 사람들이 양반 가문의 족보에 자신의 이름을 끼워 넣는 모삽 또는 모록의 문제가 있다.

이처럼 인구 자료로서의 족보는 장기에 걸쳐 인구 현상 및 지표를 구할 수 있으며, 전국에 걸쳐 자료를 쉽게 구할 수 있다는 장점을 가진 반면, 여성에 대한 정보가 상대적으로 부족하며, 결혼 전에 사망한 사람에 대한 정보가 없고, 양반인 상층 계층만을 파악할 수 있는 자료라이다. 여기에 엉뚱한 가계에 끼워넣기 하는 모삽謨揷과 동시에 많은 인구의 누락도 족보가 가지고 있는 문제점이다. 손병규 2006

그러나 인구 추이를 파악하는 데 족보가 갖는 문제점은 호적의 문제점에 비해 비교적 단순하며 통제하기 쉽다. 우선 포겔에 따르면 미국 족보의 경우 성년과 노령기의 건강과 사망에 관한 한 편의가 크지 않다. Fogel 1993: 30-32 중국 족보에서 출생과 사망이 과대평가되는 정도를 알아보기 위한 자오의 시뮬레이션 연구는 이 편의가 가문이 생긴 이후 초기 5대의 기간 동안 집중적으로 나타나며 이후에는 대가 끊기지 않아서 족보가 유지된 가문의 족보에서 추출된 출산율, 사망율 및 인구 증가율은 대가 일찍 끊긴 가문을 포함한 전체 인구의 그것과 크게 다르지 않다는 것을 보여주고 있다.Zhao 2001 그러므로 초기의 자료를 분석 대상에서 제외한다면 편의의 문제를 완화할 수 있다.

비양반 계층, 그리고 양반 인구 중 여자와 성혼 이전의 남자가 누락되어 있으므로 기록에서 누락된 사람들이 전체 인구에서 차지하는 비중은 호적보다 족보가 클지도 모른다. 그러나 족보에서 누락된 사람들의 속성은 간단하며 일정하게 유지되고 있다. 이에 비해 호적에서 누락되게 된 원인은 복잡하며 시기별로 계층별로 달랐다.

이와 같이 족보는 가문 내의 출산과 사망의 기록으로서 풍부히 남아 있으며 시계열적 연속성을 가지고 있다는 장점을 가지고 있다. 그리고 가문 구성원이 거주지를 바꾸더라도 족보에서 사라지는 것은 아니므로 호적이 안고 있는 지역 간 인구 이동에 따르는 문제를 걱정할 필요가 없다. 조선 시대 인구 추이를 추계할 때 족보에 기재된 모든 사람을 분석하는 것이 아니라 적

손만을 분석 대상으로 삼는다. 그 이유는 일반적으로 평민들은 첩을 두기는 어려웠을 것이므로 양반의 가계 기록에서 서손을 포함하면 인구가 과대평가될 것이기 때문이다.

둘째, 모삽에 의한 위보 문제가 존재한다는 것은 상식처럼 받아들여지고 있지만 족보의 여러 판본을 대조해 의심나는 가계를 제외함으로써 해결할 수 있다. 모삽 여부는 조선 시대 간행된 판본들 중 최초로 작성된 족보 판본을 기준으로 이후 개수된 판본들과 대조하면 된다. 우선 초기의 판본들에는 기록이 없다가 후대의 판본에 등장하거나 이전 판본에 자식이 없는 것으로 기록된 사람에게 나중에 가계가 이어지는 경우도 모삽으로 판단할 수 있다. 마지막으로 생년과 몰년 기록이 달라지는 경우도 모삽으로 의심할 필요가 있다.

반대로 초기의 판본들에는 이름이 있다가 나중에 사라지는 경우도 있다. 이런 현상이 나타나게 되는 이유로는 두 가지 정도를 생각할 수 있다. 하나는 가문의 이름을 더럽히는 짓을 했기 때문에 이름이 삭제된 경우다. 둘째는 자식을 두지 않아서 후대에 족보를 개수할 때 그에 관한 기록과 기억이 없어져버린 경우다. 첫 번째의 경우처럼 기록이 삭제된 사람들의 후손이 이어져가고 있었다면 족보를 근거로 계산한 인구 증가율은 실제 그것의 과소평가치가 될 것이다. 두 번째 경우라면 원래 기록이 사라진 사람과 그의 후손이 없기 때문에 당대를 제외하고는 과소평가의 문제는 없다.

혼서와 행장

호적과 족보는 모두 혼인 이전에 사망한 사람들의 정보를 파악할 수 없으며, 혼인에 관한 정확한 정보도 확보하기 어려워 이를 보완할 자료로 사용된 자료가 혼서와 행장류이다. 혼서는 양반들이 통혼할 때 신랑과 신부 집에서 교환한 문서로 혼인 연령이나 관습을 파악할 수 있는 자료이다. 혼서는 결혼을 하기 위해 신랑과 신부 가문에서 교환한 편지이며, 혼인 날짜가 기록되어 있어, 혼인 연령에 관한 가장 정확한 자료이다. 좁게는 납폐 문서인 예장禮狀만을 혼서로 취급하기도 하지만 대체로 혼서라 함은 이 네 가지 의례 과정에서 보내는 문서들을 통칭하는 것이 일반적이다.

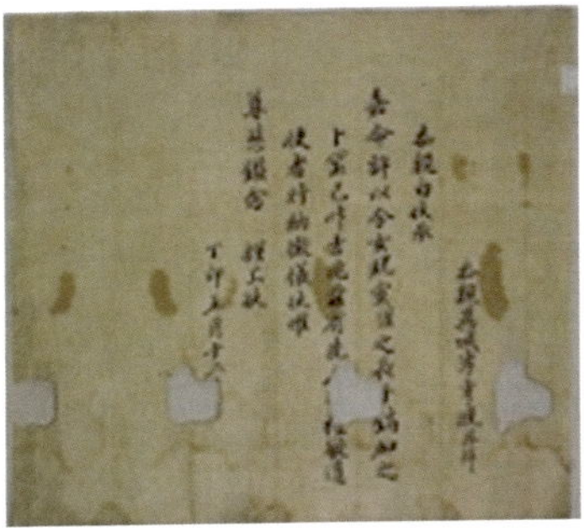

이호의 청혼서 경상도 안동 주촌에 사는 유학 1867년(고종 4) 이형만이 장자인 이호의 혼인을 위해 풍산 류씨가에 보낸 청혼서.

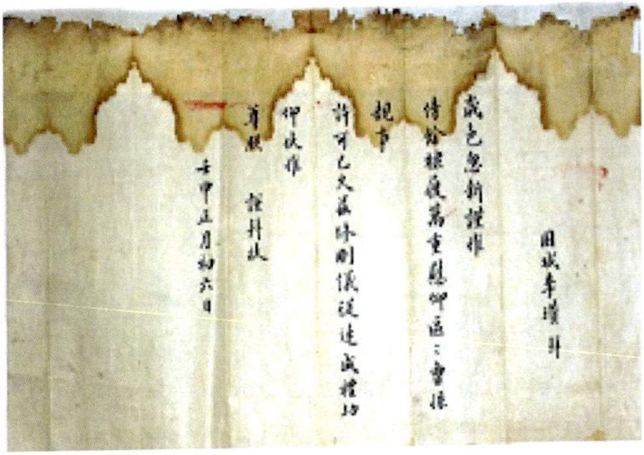

석주 이상룡의 납폐 문서 1872년(고종 9) 독립운동가 석주 이상룡(1858~1932)과 의성 김씨의 혼례 때 작성된 혼서이다. 신랑 측 혼주인 이상룡의 증조부 이찬(李瓚, 1798~1887)이 이상룡의 처가인 의성 김씨에게 보낸 납폐 문서.

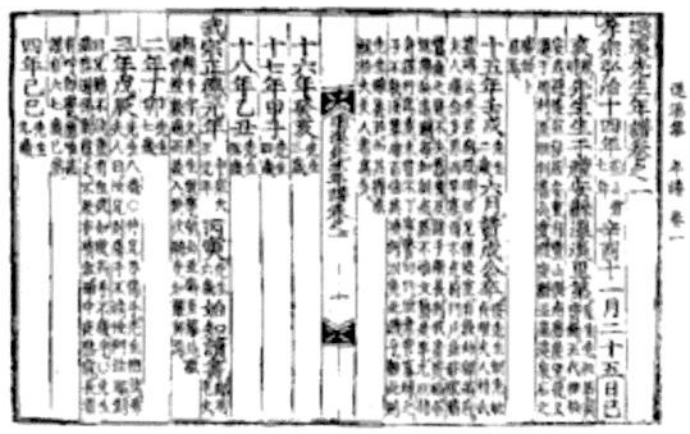

퇴계 연보

『퇴계집』에 실린 퇴계의 일대기를 연도순으로 기록한 연보.

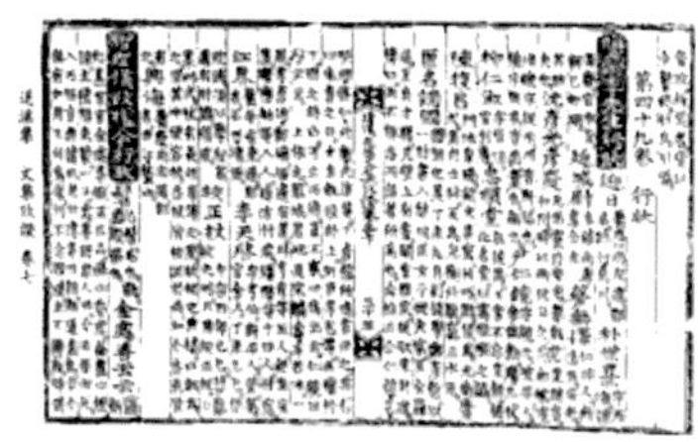

회재 이언적 행장

퇴계가 회재 이언적에 대한 일대기를 적은 행장으로『퇴계집』에 실려 있다.

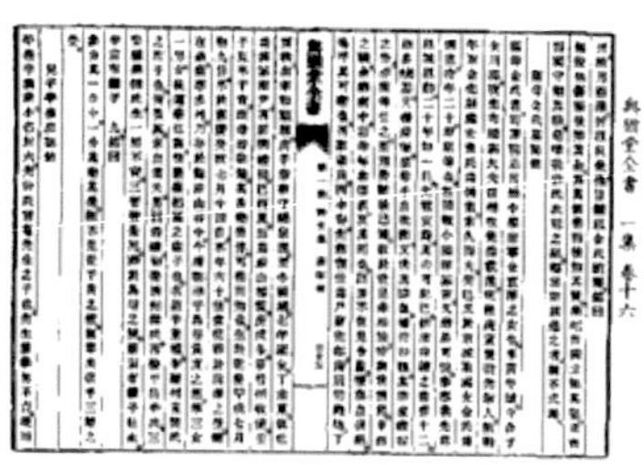

다산 정약용의 서모 김씨 묘지명

정약용이 서모 김씨의 일대기를 쓴 묘지명으로『여유당전서』에 실려 있다.

행장류는 문집文集에 수록된 개인의 정보를 기술한 자료들이다. 일생을 연대기로 기록한 연보, 어떤 사람의 행적과 일대기를 서술한 행장行狀, 묘지에 묻은 지석에 새긴 묘지명, 묘 인근에 세워둘 비석에 세긴 묘비명, 일찍 죽은 자식이나 가까운 친지들의 안타까운 죽음을 기리기 위해 작성한 애사로 구성되어 있다.

조선 시대 문집은 한 개인의 저작물을 모두 망라한 개인 전집이다. 주로 사망 후 제자들이나 자손들에 의해 만들어지며, 서문, 목록, 본문, 부록, 발문순으로 엮는다. 서문은 대개 책의 제일 앞에 기록한다. 목록은 내용을 미리 알려줘 열람의 편의를 주기 위한 것으로, 각 권의 목록을 모아 전체 목록을 나타내기도 하고 각 권마다 따로 권두에 붙이기도 한다. 본문은 대개 주소奏疏, 시詩, 서書, 서序, 기記, 잠箴, 명銘, 애사哀辭, 제문祭文, 지장誌狀, 부록附錄의 순으로 편집된다. 부록은 본문의 명, 애사, 제문, 지장이 다른 사람에 대한 저자의 기록인 것과는 달리 저자 본인에 대한 행장, 유사 또는 그를 애도하는 만사輓辭, 뇌사, 제문과 기타의 글들로 문집의 마지막에 수록하였다. 발문은 문집의 편찬과 간행의 경위, 그 외 남길 만한 것들을 밝혀놓은 것으로 간행자가 쓴다.

문집 간행의 원래 목적은 훌륭한 선비의 저작물을 모아 후세에 남긴다는 것이지만, 조선 사회는 조상숭배와 혈족의 결속이 강한 사회였으므로, 저자와 관련된 혈연 및 학연의 결합을 가능하게 하는 정신적 구심점 역할을 담당하였다. 현실적으로 문집을 간행하기 위해서는 그 지역사회의 인정과 경제적 능력이 담보되어야 했으므로 문집을 발간한 가문은 상층 양반 계층이다. 그러므로 문집 자료는 조선 사회 전체를 대변하는 것이 아니라 최상층의 혼인과 출산의 추이를 보여준다. 실제 조사 대상 남성 중 60퍼센트 이상이 벼슬을 한 사람이며, 여성의 경우도 대체로 그들의 부인이나 여식들이다.

문집 자료는 현재 존재하는 한적 문헌 중 족보를 제외하고는 가장 많은 비중을 차지하고 있으며, 정치, 경제, 사회, 문학적 사료로서의 가치가 매우 크다. 이 중 혼인 및 출산에 관련된 기록은 주로 본문의 지명誌銘, 죽은 사람을 추도하는 애사나 제문, 행장과 부록의 연보에 나타나 있다. 이들 자료는 개인들의 전기를 기록한 것이므로 출생과 행적 및 사망에 관한 정보를 담고 있다. 특히 혼인 연령에 관한 정보는 주로 여성들의 행장이나 지명에 많이 존재하고 있으며, 배우자에 대한 정보도 포함하고 있어 양반의 출생, 혼인, 사망에 관한 풍부한 정보를 제공할 수 있다.

이와 같이 혼서는 혼인 연도를 가장 정확히 파악할 수 있는 자료이고, 행장류는 혼인 연령 및 여성이 출산한 아이 수를 정확하게 파악할 수 있는 자료이다. 그러나 혼서 및 행장류는 족보와 마찬가지로 양반 상층의 정보밖에 알 수 없어 주로 보조적인 인구 자료로 활용하고 있다.

3 족보와 행장류를 통해 본 인구 현상

출산

조선 후기 출산 추이를 분석할 수 있는 자료로는 호적과 족보, 그리고 행장류 등이 있다. 그러나 호적과 족보는 자료 성격에 나타난 바와 같이 혼인 이전에 사망한 사람들에 대한 정보가 미흡하다. 여기에 호적의 경우 혼인 이후 분가가 이뤄지기 때문에 부부가 혼인 이후 출산한 자식 수를 파악하기 위해서는 장기적으로 연속된 자료가 필요하지만 현존하고 있는 호적 중에는 이러한 조건을 충족시킬 수 있는 호적대장은 없는 실정이다. 그러므로 총 몇 명이 출생했는가에 대한 정보를 획

득하기가 현실적으로는 곤란하다. 족보는 생존한 총 자식 수가 기재되어 있으므로 이러한 문제는 해결할 수 있지만 혼인 이전에 사망한 자식 수를 알 수 없으므로 족보에서 추출할 수 있는 자료는 생존한 자식 수만을 알 수 있다.

조선 시대 신뢰성 있는 출산율에 관한 자료는 행장류에 기록된 여성이 일생 동안 낳은 자녀들, 그리고 이들의 생존 여부에 대한 상세한 정보를 담고 있는 내용들이다. 아래 인용은 다산 정약용이 자신의 아내인 풍산 홍씨가 낳은 자녀들과 관련해서 쓴 행장인데, 이 내용을 통해 행장 자료가 구체적으로 어떤 것인지, 그리고 그 자료를 본연구가 어떻게 활용되는지를 예시해보기로 한다.

> "내가 처음 경자년(1780, 정조 4) 가을 예천醴泉의 군사郡舍에서 애기 하나를 지웠고, 신축년 7월에 아내가 학질로 인해 계집애 하나를 여덟 달 만에 출산했는데 4일 만에 죽었으므로 미처 이름을 짓지 못한 채 와서瓦署의 언덕에 묻었다. 그다음에는 무장武牂과 문장文牂을 낳았는데, 다행히 성장하였다. 그다음이 구장懼牂이고, 그다

음은 딸아이 효순孝順인데, 순산했기 때문에 효순이라 한 것이다. 구장이와 효순이에게는 모두 광명壙銘이 있으나, 진짜 광명이 아니라 책에만 기록한 것이다. 그다음에는 딸 하나를 얻었는데, 지금 열 살이 되어 이미 두 번째 홍역을 지냈으니, 아마 이제는 요사夭死를 면한 것 같다. 그다음은 삼동三童으로, 곡산谷山에서 천연두로 요절하였다. 그때 아내는 아기를 가졌었는데 슬퍼하는 중에 아들을 낳았는데, 열흘이 지나 또 천연두를 앓다가 며칠 안 되어 요절하였다. 그다음이 곧 농장農牂이다. 삼동이는 병진년(1796, 정조 20) 11월 5일 태어나서 무오년 9월 4일 죽었으며, 그다음 애는 이름이 없다. 구장이와 효순이는 두척산斗尺山에 묻었고, 삼동이와 그다음 애도 두척산 기슭에 묻었으니, 농장이도 역시 두척산 기슭에 묻어야 할 것이다. 모두 6남 3녀를 낳았는데, 산 애들이 2남 1녀이고 죽은 애들이 4남 2녀이니, 죽은 애들이 산 애들의 두 배이다. 아아, 내가 하늘에 죄를 지어 잔혹함이 이와 같으니, 어찌할 것인가."

정약용, 「농아광지農兒壙志」, 『다산시문집』 권17

이 글에 따르면 풍산 홍씨는 평생토록 아들 6명, 딸 3명 총 9명의 자녀를 낳았다. 그런데 이 가운데 아들 4명과 딸 2명, 총 6명이 성인이 되기 전에 사망하고 2남 1녀만 성년까지 생존하였다. 자료에 따라서는 출생 및 사망 자녀의 수만 제시되기도 하지만 위의 자료처럼 자녀들의 사망 시기와 사망 원인들이 구체적으로 제시되어 있는 경우들도 있으며, 남자가 부인의 죽음으로 재혼한 경우에는 두 명 이상의 정실부인들에 대해 기록을 남긴 경우도 적지 않다.

행장류의 기록들을 통해 살펴본 조선의 출산율은 생각했던 것보다는 높지 않게 나타난다. 혼인 연령도 낮고 혼인율도 높은데 출산율은 유럽이 더 높게 나타난다. 한 연구에 따르면 17세기 후반에 태어나서, 15~16세 정도에 서울, 충청, 경상도에 거주했던 최상층 사대부 집안의 며느리로 평균 45세 이상 생존한 사람들을 대상으로 추정한 출생아 수는 5.09명이다. 김두얼 2016 먼저 유럽의 출산율은 9~10명인 데 반해 조선의 출산율은 5.09명으로, 유럽보다 낮은 수준을 보이고 있다.

주요 국가들의 전근대 출산율 비교 (단위: 명)

국가 및 출처		시기	유배우 합계출산율 (TMFR)		유배우 종결출산율 (CMFR)
			20~49세	15~49세	15~49세
서유럽					
영국	Wrigley 등 (1997)	1600~1824	7.44	9.47	
프랑스	Weir(1984)		8.26		
독일	Knodel(1988)	1750~1874	8.7	10.6~11.3	
동아시아					
한국	김두얼(2014)	1500~1850			5.09
	차명수(2009)	1700~1899		5.86	
중국	Lee and Campbell (1997) - Liaoning	1774~1873		6.3	
	Wang, Lee, and Campbell (1995)- Beijing	1700~1890		5.3	
타이완	Wolf (1984) - Hai-shan	1906~1910	5.0	6.3	
일본	鬼頭安(2000)	에도 시대 (1603~1863)	4.53	5.69	

김두얼(2016) 표4-3에서 인용.

연도 구간별 출생아 수와 성인 이전의 사망자 수 (단위: 명)

연도	출생아 수	성인 이전 사망자 수
1550년 이전	6.36	2.64
16세기 후반	5.63	2.47
17세기 전반	6.09	2.21
17세기 후반	4.51	2.47
18세기 전반	4.35	2.68
18세기 후반	5.17	2.94
19세기 전반	5.00	3.78
전체	5.09	2.58

김두얼(2016) 표5-3에서 인용.

인구학적 이론과 역사적 상황을 종합해서 검토해볼 때, 출산율이 유럽에 비하여 낮다는 것은 조선에서 인구를 조절하는 기제가 작동하고 있다는 것을 의미한다. 인구 조절 기제와 관련해서는 대략 세 가지 정도의 가능성이 고려될 수 있다.

첫째, 경제적 곤란이 출산율에 영향을 초래하였을 가

능성이다. 식민지 시기인 1930년대이기는 하지만 피임을 하지 않은 경상도 울산의 달리 지역 여성의 임신 횟수를 보면 토지 소유 계층별로 임신 횟수가 다른 것을 알 수 있다. 토지 소유 규모가 1정보 이상인 상층 가계의 여성 5.21명, 0.5~1정보의 중층 가계의 여성 5.35명, 소작 계층인 하층 계층의 여성 4.75명, 농촌 노동자 가계의 경우 4.15명으로 상층과 중층 여성들의 임신 횟수에 비해 하층 계층 여성의 임신 횟수가 줄어들고 있다. 조선농촌사회위생조사회 1939: 169-171

피임 수단이 없는 전통 사회에서 여성들의 다산은 높은 유산율이나 자식들의 사망률로 연결되었다. 근대 의료가 도입된 시기인 1890~1930년대 달리 지역 여성들의 경우 4명 이하의 임신의 경우 유아 사망률이 20.62퍼센트인 데 반하여 5명 이상 임신한 경우 36.20퍼센트로 1.76배 높아졌다. 달리 지역의 여성들의 유산이 나타난 것은 주로 3회 이상 임신을 하였을 경우부터 나타나며 전체 유산수 54회 중 5명 이상 임신한 여성이 45명으로 전체 유산자의 85퍼센트를 차지하고 있다. 또한 조산이나 사산의 경우도 전체 11명 중 10명이 다산일 경우 발생하고 있어 경제적으로 궁핍한 여성들이 다산을 할

경우 높은 유산율, 사산율, 자식의 사망률을 보이고 있다. 조선농촌사회위생조사회 1939: 181-182

다소 극단적인 사례이기는 하지만 다산으로 인한 자식의 사망은 조선 시대 대표적인 여류 유학자 중 한 사람인 강정일당(1772~1832)의 사례에서 잘 엿볼 수 있다. 강정일당의 행장에 따르면 5남 4녀를 출산하였으나 그들 부부는 한 번도 '아버지', '어머니'라는 소리를 들어보지 못했다. 모두 말을 배우기 전에 사망하였기 때문인데 막냇자식이 죽었을 때 그 비통함을 「요절한 여식에 대한 글殤女壙誌」에 적고 있다. 1814년 8월 29일 막내가 태어났지만, 강정일당이 당시 그동안의 고생으로 병에 자주 걸려 젖이 나오지 않았으므로 태어난 지 7일 만에 젖동냥을 다녔다. 이 또한 여의치 않아 미음을 먹였으나 아기는 잔병이 많았던 것으로 보여진다. 설상가상으로 태어난 해인 1814년은 흉년으로 미음조차 먹일 수 없었다. 친지들의 도움을 받았으나 아기에게 충분한 영양을 공급하지 못하게 되었다. 이후 아기는 계속 설사를 하는 등 한 달간의 병치레 끝에 1815년 1월 4일에 사망하였다.

강정일당의 사례는 조선 시대의 유아 사망의 전형을

보여주고 있다. 가난으로 인한 산모의 영양부족과 병으로 인해 젖이 나오지 않고, 또 흉년으로 미음조차 충분히 공급하지 못해 아이가 병이 들고 사망하는 경우이다. 결국 식량 부족에 따른 영양 결핍은 사람들로 하여금 병에 대한 면역성을 떨어뜨리게 하였으며 각종 질병을 수반하였다. 특히 조선 시대 여성은 같은 생활수준이라 하더라도 남성에 비해 상대적으로 영양 결핍이 더욱 심할 수밖에 없었다. 산모의 영양 상태가 악화되면 저체중이나 병약한 아이를 출산하게 되고, 또 유아기에 있는 아이들은 모유나 이유에 열악할 수밖에 없는 상태에 놓이게 된다. 흉년 때는 결국 출산 당시부터 건강 상태가 좋지 않은 상태이며, 질병에 대한 면역력이 가장 약한 0~4세에서 가장 큰 피해를 입게 되었다.

둘째는 여성 및 배우자의 사망이 출산율에 영향을 미쳤다. 출산에 가장 직접적으로 영향을 미치는 생물학적 요인으로는 여성의 가임可姙 기간이다. 조선 시대의 출생률이 낮은 이유는 임신 가능한 여성들의 가임 기간이 짧기 때문이었다. 여성의 가임 기간은 아기에게 젖을 먹이는 수유 기간 등에 영향을 받기도 하지만 가장 결정적인 요인은 가임기 여성의 평균수명이다. 여성의 평균

수명과 출산 능력과의 관계는 류제양柳濟陽(1846~1922)과 박득령朴得寧(1808~1886)의 일기에 나타난 사례 및 족보 기록을 통해 명확히 알 수 있다.

류제양 가계의 경우 자신이 여섯 살 때 부친이 사망하였으며, 류제양의 첫 부인인 승평 박씨는 29세인 1873년에 사망하였다. 이들 부부 사이에 태어난 자식은 1남 2녀이다. 둘째 부인인 양천 허씨와는 1877년에 결혼하여 2남 1녀를 두어 총 3남 3녀를 두었다. 그러나 자식들을 보면 첫딸은 결혼한 지 8년 만인 1890년 스물다섯의 나이에 전염병에 걸려 사망하였으며, 1869년생인 첫아들은 1883년에 결혼하여 1892년에 사망하였으며, 1891년에 결혼한 둘째 딸은 1892년에 등창으로 사망하였다. 또한 첫째 아들의 부인인 초계 변씨는 1900년에 결혼하였으나 결혼한 지 4개월 만에 사망하였다. 또한 1897년에 결혼한 둘째 며느리 고령 신씨는 1900년에 사망하였으며, 1899년에 결혼한 셋째 며느리 명산 오씨는 1902년에 사망하였다. 첫 배우자와의 평균 혼인 기간은 4.5년 정도이며, 평균 자식 수는 0.7명이다. 족보에 오르지 못한 사람들을 고려하더라도 1~1.6명 정도에 불과하다.

예천 맛질 박득령 가계의 경우 1808년생인 박득령은 자신의 첫 부인인 인천 채씨와는 자식을 보지 못하였으나, 둘째 부인인 진성 이씨와 2남 4녀를 두었다. 박주대는 2녀만 두었으나, 둘째인 박주학은 5남 1녀를 두었다. 그리고 박주학의 손자는 총 17남 11녀로 늘어났다. 박득령가에서 이처럼 자손이 번창한 이유는 배우자들의 생존 기간이 길어 평균 혼인 기간이 길어졌기 때문이다. 박득령가의 경우 박득령의 첫째 부인이 30세 미만에 사망하였으며, 손자 박교진과 박우진의 첫째 부인이 각각 34세와 20세, 증손자 박용수의 첫째 부인이 45세에 사망한 경우를 제외하면 모두 가임의 한계 연령인 50세 이상까지 생존하였다. 이들의 결혼연령을 모두 알 수 없으므로 당시의 평균 결혼연령을 18세로 가정한다면 배우자 간의 혼인 기간 중 임신할 수 있는 기간인 가임 기간이 25~30여 년에 달하는 것으로 보여진다. 여성 1인당 평균 자식 수는 3.03명이 되며, 족보에 오르지 못한 사람들을 고려하면 5.05~8.08명 정도를 출산한 것으로 파악된다.

족보에 나타난 19세기 여성 출생자들의 평균 자식 수 약 1.71명을 기준으로 두 집안과 비교해볼 때, 류제양가는 가족 구성원들의 다수가 요절하여 짧은 혼인 기간과 적은 자식 수를 기록한 반면에 박득령가는 구성원의 대다수가 50세 이상까지 생존하며 많은 자식을 출산할 수 있었던 것이다.

마지막으로 고려해볼 것은 문화적 요인이다. 도이힐러와 피터슨 등이 밝힌 바와 같이 조선 사회는 1700년을 전후로 신유학 혹은 주자학이 사대부는 물론 일반인들의 일상생활까지도 규정하는 사회적 규범으로 확산되었다. Deuchler 1992, Peterson 1996 출산율에 영향을 미치는 대표적인 것이 과부의 재가 금지와 같은 제도이다. 과부의 재가에 대한 불이익이 많은 조선에서 남편의 사망은 출산율을 감소시킬 수 있다. 여러 가지 이유로 청장년기 사람들도 많이 사망했고, 이들 중 남자가 사망하면 여성들은 재혼할 수 없으므로 출산율은 감소할 수밖에 없다. 또 남녀칠세부동석과 같은 성을 터부시하는 문화, 시묘살이 등과 같은 풍습이 강화되었는데, 이러한 변화가 성관계 횟수 감소를 초래하고 출산율 하락으로 귀결되었을 가능성이 있다. 이 가설은 출산율 하락의 발생 및 발생 시기를 잘 설명한다는 점에서 의미가 있다.

사망

사람들은 천수를 누리다 사망하는 경우도 있으며, 암이나 결핵 같은 병으로 중년의 나이에 사망할 수도 있으며, 천연두나 콜레라와 같은 전염병으로 요절할 수도 있다. 사실 조선 시대에는 나이의 많고 적음을 떠나 항상 죽음에 노출되어 있었다. 죽은 사람의 처지와 연령에 따라 그 애통함은 다를 수밖에 없었다. 함양 박씨 일기의 기록에 영유아나 청년기에 죽은 사람들에 대해서는 그 죽음을 기록한 후 '비참悲慘', '비통悲痛'이라는 말을 덧붙이고 있다. 그럼에도 불구하고 죽음이란 언제든지 올 수 있으며 그 요인도 워낙 다양하기 때문에 조선 시대 사람들은 죽음을 애통해하면서도 운명으로 받아들였다.

18세기 이후 족보에 나타난 성인들의 사망 추이는 조사망crude death rate, CDR을 통해 개략적으로 살펴볼 수 있다. 조사망률은 어느 특정 연도의 연앙 인구mid-year population: 보통 7월 1일의 인구수에 대한 그해 사망자의 수를 나눈 값을 천분율(‰)로 나타낸 인구 지표로 사망 분석에서 가장

족보의 성인 조사망률 추이

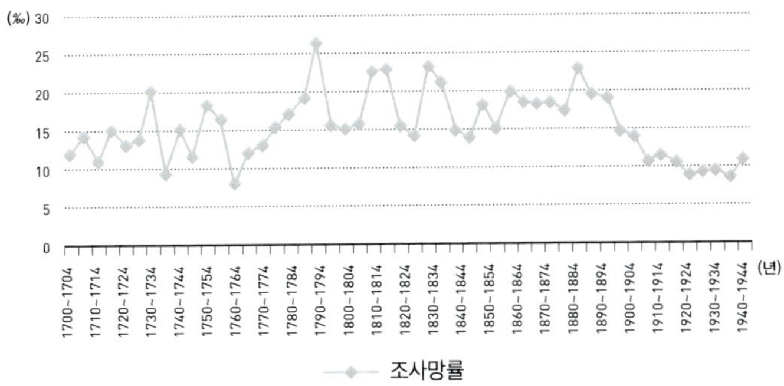

기초적이고 간편하게 사용할 수 있는 지수이다. 위 그래프에 나타난 성인 조사망률은 성혼 이후까지 생존한 사람들의 조사망률이다.

조선 사회의 생활수준은 다른 나라들과 마찬가지로 생존 수준과 맞물려 유지되어왔다. 족보에 나타난 사망률 추세를 살펴보면 사망률은 출생률과는 반대로 18세기 이후 완만하게 상승하다 20세기 들어 급격히 감소하는 추세를 보이고 있다. 사망률의 장기 추세는 대체로 일정한 순환 구조를 보여주고 있다. 1700~1760년대, 1770~1830년대, 1840~1890년대, 그리고 1900~1944년 동안 네 번의 순환 과정을 보이고 있지만, 시간이 지날수록 사망률은 점차 높아지는 경향을 나타내고 있다.

1700~1780년대는 조사망률이 10~20 사이에서 유지되고 있으나, 1760년대 이후 장기적으로 증가하는 경향을 보이고 있을 뿐만 아니라 그 변동 폭도 10~32로 확대되어가고 있다. 이러한 현상은 18세기 중반 이후 조선 사회에 어떤 변화가 있었음을 의미한다. 이 시기에 전쟁과 같은 특별한 사건이 없었다는 점과 일반적으로 생활수준에 큰 영향을 받는 사망률이 장기적으로 상승하였다는 점을 눈여겨볼 수 있다. 따라서 조선 사회는 18세기 중반 이후로 점점 생활수준이 악화되었을 가능성이 높다.

18세기 말 조선 사회는 이미 만성적인 식량 부족 현상에 시달리고 있음을 보여주는 사례는 1788년에 발간된 『탁지지』의 박일원 서문 기록이다. 그는 전국의 토지 면적과 인구수를 비교하면서 식량의 부족 현상에 대해 설명하였다. 인구수는 1천만 명이 넘고 한 사람이 최소한 하루에 1되를 소비한다고 보았으며, 전국에서 1년간 소비하는 데 필요한 식량은 최소 6천만 섬이라고 규정하였다. 그러나 실제 소비는 달랐을 것이다. 장성한 자식들이 하루에 최소한 2되씩은 먹어야 된다는 것, 그리고 술과 떡에 소비되는 식량이 추가되어 실제로는 이보다 더 많은 양이 소요된다. 반면에 실제 전국의 토지에서 생산할 수 있는 식량은 5천7백여 만석에 지나지 않아 약 3백만석이 부족하였다. 그러나 다른 경제 작물을 심어 곡식을 생산하지 않는 토지도 많아 식량 공급은 5천7백여 만석보다 적다고 기술하고 있다. 그는 이어 "오늘날의 전결(토지 면적)과 민구(인구수)를 비교하면 그 어찌 굶주림이 없을 수 있겠는가?"라는 표현으로 식량 부족의 원인이 토지에 비해 과잉 상태인 인구에 있음을 명확하게 기록하고 있다.

19세기에 들면서 그 위기 상황은 더욱 악화되어 장기적인 높은 사망률 수준을 유지하고 있다. 조선 사회는 정도의 차이는 있지만 평균 3년에 한 번씩은 흉년을 경험하였다. 흉년 때마다 백성들은 굶주림에 시달려야 했다. 19세기 전라도 구례에 살던 류제양의 일기에는 봄 가뭄이 심한 어느 해 당시의 기근 상태를 다음과 같이 설명하고 있다.

> 죽으로 굶주린 사람을 구휼하기가 터진 냇물을 막기보다 어려웠다. 쌀죽에다 미역이나 소나무 껍질을 섞어 삶아서 굶주린 입들을 구휼하고 집 뒷산의 큰 소나무를 베도록 해 마을 사람이나 이웃 동네의 가난한 사람들에게 송피를 벗겨다가 죽을 끓여 먹는 데 보태도록 했더니 나무를 찍는 소리가 원근에 진동했다. 먹을 것이 없어 그 화가 소나무에 미쳤다.

또한 1867년에는 "봄장마로 보리가 썩었는데도 불구하고 사람들이 굶주림 때문에 썩은 보리를 먹고 많이 사망하였다"라고 기록하고 있다. 비록 굶어 죽지 않는다 하더라도 영양부족은 다음과 같은 과정을 통하여 자식들에게까지 특히 유아 사망에 영향을 미치게 된다. 유아 및 청소년기의 사람들은 이후 결혼하여 출산을 할 사람들이므로 이들의 사망률은 이후 전체 인구의 증감에 영향을 미치게 된다. 족보의 인구구성에서 보면 기근이 심하였던 시기의 5세 이하 인구 비중이 급격히 떨어지는데 이는 그만큼 5세 이하의 사망률이 다른 연령대에 비하여 높았다는 것을 보여준다.

류제양의 일기에는 또 1893년 흉년 때 11촌 척숙이 그의 가족 6명을 데리고 굶주림을 해결하고자 대구에서 영암으로 내려온 상황과 이유를 기록하고 있다. 이때 류제양은 "푼전도 먹을 곡식도 없으니 장차 어떻게 입에 풀칠하려는지?" 하고 걱정하면서 그들에게 세 칸짜리 초가집과 양식을 제공하였다. 이들은 1893년에 내려와 1897년에 올라갈 때까지 4년이나 이곳에 머물렀다. 이렇듯 다행히 기근을 해결시켜줄 친척이나 친지가 있는 경우는 그나마 나은 편이었다. 형편이 좋지 못한 대부분의 백성들은 걸인이 되어 유리걸식하거나 화적이 되기도 하였다.

사망률은 흉년과 매우 밀접한 관계를 보이고 있다. 흉년이 심했던 1730년대, 1750년대, 1790년대, 1810년대, 1830년대, 1890년대를 전후하여 사망률이 높게 나타나 있어 사람들의 영양 결핍과 사망이 깊은 관계가 있음을 보여주고 있다. 족보에 나타난 사람들은 일반 백성들에 비해 상대적으로 경제적으로 나은 상태에 있음에도 불구하고 왜 흉년과 밀접하게 연동되어 있을까? 흉년 끝에 오는 각종 전염병과 질병 때문이었다. 흉년이 들면 식량 부족으로 굶어 죽는 사람도 많았겠지만 더 많은 인원은 흉년 끝에 오는 여러 질병이나 전염병에 의해 사망하였다. 기근으로 인한 질병에 대한 면역력이 떨어지는 것은 비단 유아들뿐만 아니라 성인들의 경우도 정도의 차이는 있을지라도 마찬가지였다. 기근이 들면 죽은 시신들이 부패하고 이로 인한 전염병이 발생하기도 했다. 영양 결핍으로 병균을 이길 수 있는 면역력을 갖추지 못한 많은 사람들이 먼저 사망하는 사이, 이들이 갖고 있던 전염병이 남은 사람에게 전염되는 것이었다.

경상도 예천의 박씨가 일기에 전염병에 관한 기록이 많이 나오는 1836~1842년의 경우, 박씨가의 두락당 지대 수입이 평년에 비해 3분의 2 수준에 머무르고 있다. 특히 1837년은 쌀의 두락당 지대 수입이 평균의 절반에도 미치지 못했다. 일기에서도 1837년에는 "가뭄이 극심하다旱太甚"는 기록을 다섯 번이나 사용하고 있으며, 1842년도 "날씨는 무덥고 가뭄이 심각하다旱極, 旱極炎, 과실이 타들어가고, 묘목이 말라죽으며, 보리 파종을 할 수 없었다"라고 하여 가뭄으로 인해 농사에 심대한 타격이 있었음을 보여주고 있다. 이 시기 박씨 일가는 영양부족에 시달리는 않았음에도 불구하고 박득령의 장모와 처조모, 사촌 등이 사망하였는데 사인은 모두 전염병이었다.

흉년으로 많은 사람들이 사망하게 되면 전염병이 발생하게 된다. 전염병이 발생하면 영양 상태가 나쁘지 않은 계층들마저 전염병으로 인해 사망률이 높아지는 메커니즘을 보이게 된다. 박득령의 일기에는 1834년 장티푸스에 걸린 아이에게 약을 처방하였으나 약효가 미미했다는 기록이 등장한다. 이로써 유추해보건대 조선시대의 전염병에 대한 가장 좋은 처방은 다른 사람들과의 접촉을 끊고 다른 지역으로 피역하는 것이었다. 1840년 조카며느리가 두창(천연두)을 피해 박득령의 집으로 피역했으며, 콜레라가 유행하던 시기에는 전염병에 감염되지 않은 지역이나 대관령을 넘어 피신하는 기록들이 십여 차례 이상 나타난다. 그 결과 인구 이동이 더욱 빈번하게 되고 전염은 더욱 빨라지고 확산되었다. "몇 달을 피해 다녔지만 결국 운명은 피할 수 없는가 보다"라는 표현에서 피역하는 과정에서 전염병에 감염되었음을 알 수 있다. 1837년 박득령의 장모, 처조모, 사촌 동서 등이 콜레라에 감염되어 사망하였는데 이들 모두 피역을 떠난 사람들이었다. 또한 문화 류씨의 일기에서도 류제양의 딸들이 1890년, 1892년 전염병으로 사망하였다.

사망률의 하락이 멈춰진 것은 1880년대 후반 이후이다. 사망률이 급격하게 하락한 시기는 1900년을 전후로 한 시점으로 일상적인 영양 상태의 개선이라는 일상적인 변화로는 설명하기 힘든 갑작스런 하락 추세를 보이고 있다. 이는 사망 요인을 급격하게 줄일 수 있는 수단이 있었음을 의미하며, 그 이유는 개항 이후 우두법이 도입되면서 유아 사망률이 크게 낮아졌기 때문이다.박희진·차명수 2003: 16-17

인구가 1900년을 전후하여 급격히 증가하는 이유는 무엇이었을까. 인구학적인 현상으로는 이 시기 유아 사망률은 낮아진 반면 가임기 여성 및 남성의 생존율이 높아졌기 때문이었다. 그러나 20세기를 전후한 시기는 아직 본격적인 근대적 성장을 시작한 시기가 아니었다. 그리고 1929년 함양 박씨 일기에 굶어 죽은 사람의 기록이 나타나며, '보릿고개'라 불리는 춘궁기가 식민지기 내내 발생하고 있었다는 점에서 식량 사정 또한 인구 폭발을 감당할 수준은 아니었다.

유아 사망을 낮춘 결정적인 요인은 우두법의 보급에 따른 천연두의 감소와 위생 상태의 개선 때문이었다. 함양 박씨 일기와 문화 류씨 일기에 우두법이 처음 등장한 것은 모두 1890년대이다. 함양 박씨 일기에는 1889년 8월 8일 "의성에 우두국이 설립되었다"는 기록이 있으며, 동년 동월에 "아동 한 명당 3냥씩 받고 접종을 하였다"는 기록이 있다. 문화 류씨 일기에는 1899년 2월 9일 "우두가 새로운 치료법이라 하여 시험 삼아 맞았다"는 기록을 보이고 있다. 시기적으로 약 10년 정도의 차이를 두고 우두법이 보급되었음을 알 수 있다. 족보의 남자 인구 추세를 보다시피 우두법의 보급은 유아 사망률을 크게 낮추었던 것이다.박희진 2006: 15

인구수

족보에 나타난 인구 추세는 18세기의 빠른 인구 성장, 19세기의 완만한 인구 증가, 그리고 20세기의 폭발적 인구 증가로 요약할 수 있다. 인구에 영향을 미치는 출생과 사망인데 이는 경제적 조건과 개항 이후 도입된 서양 의학의 도입에 기인하는 것으로 보여진다.

18세기 말에 작성된 『호구총수戶口總數』와 『여지도서

족보에 나타난 인구 추이

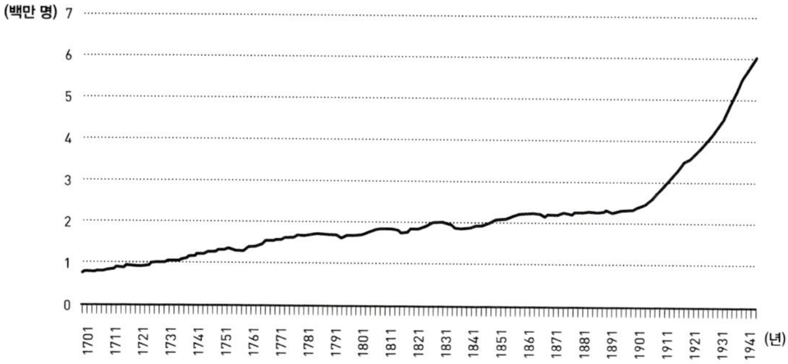

輿地圖書』를 이용하여 조선 시대의 인구밀도를 추정한 연구에 따르면 조선 시대의 지역적 인구 분포를 보면 산악 지역이 많은 함경도와 강원도의 경우 과소 인구의 기준이 되는, 인구밀도가 제곱킬로미터당 25인 이하인 군현들이 상당수 존재하였다. 반면에 평야 지대나 해안 지방의 인구밀도는 상대적으로 높게 나타난다. 서울을 제외하면 동래, 만경, 웅천 등 해안의 상업 도시들이나 평택, 김제 등 평야 지역의 인구밀도가 높게 나타난다. 이것은 인구와 전체 면적에서 농경지가 차지하는 비중을 나타내는 농경지 밀도와는 상당히 밀접한 상관관계가 있음을 보여준다. 반면에 일정한 농경지에서 부양해야 하는 인구밀도를 나타내는 농경지당 인구밀도는 강원도, 황해도 등이 높게 나타나며, 전라도, 경상도, 충청도에서는 낮게 나타났다. 농경지당 인구밀도가 높게 나타나는 것은 농경지에 비해 인구가 많다는 것을 의미한다.

18세기까지 지속적인 성장을 하던 인구가 19세기 들어서면서 둔화된 이유는 인구 압력 때문이었다. 인구 압력이란 인구가 증가하면서 부양 능력에 압박을 주는 현상을 말하며, 인구 압력의 정도인 인구 압력 지수는 경제적 생산능력에 대한 인구의 비율로 나타낸다. 한 국가의 인구가 그 나라의 사용 가능한 자원에 의해 생활할 수 있는 능력인 인구 부양 능력을 넘어서는 인구 증가가 있게 되면 인구밀도가 높아지면서 인구 압력이 가중된다. 전통 사회에서 기술 수준과 경지면적은 일반적으로 급격한 변동이 발생하지는 않는다. 기술 수준과 경지면적이 큰 변화가 없다면, 인구의 지속적인 증가는 토지 소유의 영세화를 초래하고 이는 결국 생활수준을 하락시킨다.

그러나 생활수준이 생존 수준보다 높은 경우에는 이전에 비해 출생률의 감소나 사망률의 증가로 인하여 인구 증가율을 감소시키기는 하지만 여전히 절대적인 인구수는 증가하게 된다. 생활수준이 생존 수준 이하로 떨어질 경우에는 사망률이 출생률보다 더 높게 되어 인구는 감소한다. 조선 사회에서 인구 부양 능력의 척도라 할 수 있는 논의 토지 생산성은 18세기 이후 지속적으로 감소하고 있었으며, 토지의 면적도 거의 변동이 없는 상태에서 인구의 증가는 인구 압력을 지속적으로 높이는 결과를 가져왔다.

19세기 들어와서 인구 증가 속도는 감소하는 추세였지만 인구 압력이 점증되고 생활 여건은 더욱 악화되었다. 이미 이 시기에는 식량 부족의 문제가 아닌 생존을 위해 각지로 유망하는 단계에 이르렀다. 안동 부사 김상국의 공적비 비문은 당시 상황을 다음과 같이 표현하고 있다. 김상국이 "1839년 안동 부사로 부임하니 거듭된 흉년으로 세족(명문가문)도 거의 생활하기 힘들고, 가난한 세민(평민)은 흩어지는 자가 열에 여덟아홉이나 되었다"고 기록되어 있다. 과장된 부분이 있겠으나 당시의 생활 여건이 생존을 유지할 수 없을 지경이었음을 잘

대변해주고 있다. 19세기에 각종 부세와 관련된 민란이 끊이지 않은 것 또한 인구 압력에 의해 생활수준이 생존 수준 이하로 떨어졌음을 말해준다.

인구 압력의 증가로 인해 생활수준이 하락하게 됨에 따라 농업 생산성을 높이거나 부업으로 이러한 생활고를 벗어나려는 사람들이 나타났다. 인구 증가로 인해 인구 압력이 강화되어 생활수준이 악화되기 시작하면 사람들은 산간 지역을 개간하거나, 면화나 담배와 같은 노동 집약도가 높은 작물로 전환하기도 하였다. 또한 농법이나 시비 개발 등 토지 생산성 향상이나 유휴지 개발을 도모하여 생산량을 증가시키는 노력을 경주하는 경향이 나타나며, 생산된 농산물을 상업 활동을 통해 상품화함으로써 생활수준을 유지하려 한다. 이러한 과정에 의해 상업이 발달하고 도시화가 진전되며, 새로운 문화가 창출되거나 발달이 촉진된다. 한편 정부는 경제 안정화를 위한 노력들이 나타난다. 18세기 말 조선 왕실은 생활 안정을 위해 영조 이후 환곡의 양을 늘리기 시작하여 정조 때 1천만 석까지 증가한 것이 그 좋은 사례이다. 그럼에도 불구하고 다른 모든 전통 사회와 마찬가지로 조선도 생산 증가가 인구 증가율을 넘을 수는 없었다. 실제 정조 시대의 환곡이 1천만 석이라는 것은 이미 이 시기 백성들의 생활수준이 크게 악화된 상태였을 가능성이 높음을 의미한다.

2장

혼인 풍습과 혼인 연령

1 혼인 제도와 풍습

일부일처 혹은 일부다처: 혼인 제도

출산에 영향을 주는 혼인 관습은 크게 혼인 제도, 조혼 풍습 그리고 성 문화 등 세 가지로 나눌 수 있다. 대부분의 출산은 혼인을 통해 발생한다. 유럽에서조차 혼외자의 비율이 전체 출생자의 5퍼센트 이하일 정도로 대부분의 출산은 혼인 관계에서 이뤄진다. 통상 혼외자는 어느 시대 어느 세계에서나 환영을 받지 못하는 존재였기 때문이다. 미혼모의 경우 사회로부터 항상 질시와 비난의 대상이었으며, 그 자식들은 놀림과 차별의 대상이었다. 여성의 입장에서는 당연히 정식 혼인 관계를 통한 출산이 매우 중요한 의미를 가질 수밖에 없었으며, 남성의 경우도 가계 계승이라는 측면에서 매우 중요한 의미를 가질 수밖에 없었다.

조선은 공식적으로 일부일처제의 혼인 제도를 채택하고 있지만, 첩 제도가 있어 실질적으로는 일부다처제와 유사한 효과를 나타낸다. 통상적으로 일부일처제에 비해 일부다처제의 경우 출산율은 하락한다. 여기에 과부의 재혼 금지라는 남녀 간의 재혼에 대한 차별이 존재하는 독특한 일부일처를 채택하고 있다. 『경국대전』에 따르면 사대부의 경우 부인이 사망하면 3년 후 재혼할 수 있으며, 마흔이 넘도록 자식이 없으면 부인 사망 다음 해에 재혼을 할 수 있다고 규정하고 있다. 반면에 여성이 재가를 하면 그 자손은 과거에 응시할 수 없을 정도로 여성의 재가는 엄격히 금지하고 있다.

꼬마 신랑 꼬마 신부: 조혼 풍습

지금도 할아버지나 할머니들이 자신들이 죽기 전 소

원이 손자를 보고 싶어 하듯, 조선 시대의 사람들은 하루라도 빨리 자식을 낳고 이 자식이 혼인하여 대를 이어주기를 소망했다. 이러한 의식은 자연히 자식을 빨리 결혼시키려는 노력으로 나타났다. 『경국대전』에는 "남자 15세, 여자 14세면 혼인을 허락한다"고 되어 있다. 그러나 『조선왕조실록』에 나타난 기록은 다음과 같다. "남자는 20세에 관례冠禮를 올리고 30세에 장가들며, 여자는 15세에 계례笄禮(비녀를 꽂는 의식)를 올리고 20세에 시집가는 것이 옛날 중국의 예이거늘 지금 나이 불과 13세에 관례를 올리고 장가를 보내고 있다." 또한 가난한 이들을 중심으로 혼인 비용을 줄이기 위해 10세 미만의 어린아이를 데려가 키워 14~15세 정도에 결혼시키는 예부제預婦制 등이 성행하였다.

개항기 꼬마 신랑과 신부

당시 유럽의 혼인 연령이 24~29세인 데 반해 한국의 혼인 연령은 대체로 15~17세였다. 조혼 풍습은 출산율을 높이는 결과를 가져온다. 어린 나이에 혼인을 한다면 늦은 나이에 혼인하는 부부보다 자식 수가 많을 가능성이 높다. 유럽의 주된 출산 조절 기제는 혼인 연령의 조정이었다. 유럽에서는 혼인 후 부모로부터 독립적으로 생활하며, 신부를 부양할 능력이 되어야 혼인할 수 있었으므로 경제적 능력이 뒷받침되지 않으면 혼인하기가 어려웠다. 여러 연구들에 따르면 흉년이 들거나 경제적 여건이 안 되는 경우 혼인 연령은 늦어지는 현상을 보인다.

또한 거의 모든 여성들이 혼인해야 한다. 1930년대 세계 각국의 혼인율을 살펴보면 25세까지 여성의 혼인율이 거의 1백 퍼센트에 도달한 지역은 조선뿐이다. 요즈음 들어서는 잘 들리지 않지만 2000년대 초반만 하더라도 '노처녀 히스테리'라는 용어가 있었다. 혼기를 놓친 여성들이 예민해지면서 신경질적인 행동들을 보이는 경향을 말한다. 조선 시대 혼인은 성인이 되었음을 공식적으로 확인하는 절차이므로 결혼을 하지 않은 사람은 성인으로 취급받지 못했다. 자손을 보기 위해서는 사람들은 특별한 사정이 없는 한 혼인은 반드시 해야 하는 것으로 여겼다. 노처녀 히스테리가 발생하는 이유는 바로 혼인 연령과 누구나 혼인을 해야 한다는 관념이 상호

작용한 결과 나타난 현상이다. 가계 계승이 여성에게 있어 매우 중요한 덕목이자 의무였다는 점에서 남자아이를 출산하기 위한 전제 조건인 혼인은 매우 중요하였다.

함 가는 날과 혼서: 혼서

이제는 드물지만 몇 년 전만 하더라도 혼인을 앞둔 신붓집에 함잡이들이 "함사시오, 함사시오"라고 소리치며, 함을 팔던 것을 심심찮게 볼 수 있었다. 그리고 함을 둘러싸고 함을 팔러 올 친구들과 신붓집 친척들의 실랑이도 하나의 재밋거리였으며, 그 당시 양측 간 감정이 상했던 일들도 추억거리로 남아 있다. 왜 함을 팔며, 이를 또 왜 신붓집에서는 갖은 수단을 다해 받으려 했을까. 신랑의 친구들이 메고 온 함 속에 혼서가 들어 있기 때문이었다.

하층민들은 별 의식 없이 동거하거나, 물 한 사발 떠 놓고 혼례를 치렀지만 양반들이나 중상류층 이상의 사람들의 혼인 과정은 복잡하였다. 혼례의 절차를 까다롭

함 가는 날.

고 복잡하게 한 것은 인륜대사인 혼인을 소중히 여기며, 남자와 여자 집안의 관계를 정중하고 신중하게 대하려는 의도에서 비롯되었다. 실제 사대부들이 혼인하는 과정은 혼인할 때 왕래한 혼인 문서인 혼서를 통해 알 수 있다. 혼인 문서란 혼인하기 위해 신랑 집안과 신부 집안에서 주고받는 편지들이다.

원래 중국의 사족의 혼인을 위한 절차는 여섯 가지인 육례六禮였다. 육례는 중국 주나라 주공周公의 『의례儀禮』 중 사족의 혼례 양식을 서술한 「사혼례士昏禮」에서 비롯된 것이다. 신부 측에서 중매인을 통한 신랑 측의 혼인 의사를 받아들인다는 납채, 신랑 측에서 신부 외가 쪽의 가계를 살펴보기 위해 신부 어머니의 성명을 묻는 문명問名, 사주를 통해 궁합의 결과를 신부 측에 알리는 납길, 그리고 이 단계가 지나면 혼인이 이뤄졌음을 알리는 납징納徵, 신랑 집안에서 신부 집안에 혼인 날짜에 대한 택일을 요구하는 청기, 그리고 마지막으로 오늘날 결혼식에 해당하는 것으로, 신랑이 직접 신붓집에 가서 신부를 맞이하는 의식인 친영親迎으로 구성되어 있다.

『주자가례朱子家禮』가 널리 보급된 17세기 중엽 이후 조선 시대 양반가의 혼인은 그에 따라 의혼議婚, 납채納采, 연길涓吉, 납폐納幣 등의 4단계 절차를 거쳤다. 납채와 문명은 의혼, 납길·청기는 납채, 그리고 납징은 납폐로 대체되었다. 의혼은 청혼請婚과 허혼許婚 여부를 논의하는 과정이며, 납채는 신랑의 사주를 보내며 궁합 여부와 택일을 요청하는 과정이며, 연길은 택일하여 신랑 측에 알리는 절차이며, 납폐는 두 사람이 부부가 되었음을 확정하는 절차이다.

먼저 신랑집에서 중매인을 통해 신붓집에 결혼을 요청하는 청혼서를 보내면, 신붓집에서 혼인을 허락한다는 내용과 함께, 혼인 날짜를 정하기 위해 신랑의 사주단자를 보내줄 것을 요청하는 허혼서를 발급한다. 허혼서가 도착하면 신랑집에서는 신랑의 사주단자를 보내면서 신부 측에 결혼 날짜를 결정해달라는 납채 문서를 보낸다. 신붓집에서는 신랑의 사주를 받아 혼인 날짜를 결정하여 신랑 측에 보내는 연길 문서를 보낸다. 그러나 현실적으로 혼인 절차는 변경되거나 더 간소한 경우가 많았다. 경상도 대구 지역의 대표적인 양반가인 옻골 최씨가의 최흥원의 일기에 나타난 혼인 절차에 따르면 최흥원의 종제의 혼인은 신붓집에 청혼서를 보낸 것이 아니라 청혼을 허락하는 형태를 띠고 있다. 또한 혼인 전 아들의 관례를 형식적으로 치르기도 하는 등 사정에 따라 일부 의례를 간소하게 처리하고 있다.정진영 2019 : 238-240

혼인은 혼주들에 의해 결정되어 있는 경우가 많았다. 또한 사주를 볼 때 사주가 맞지 않으면, 파혼을 하는 것도 상당히 부담이 되기 때문에 의혼과 납채 과정을 병행하여 청혼서와 사주단자를 같이 보내는 경우도 많았다. 이 경우 신랑 측에서 사당에 고하고 신랑의 사주단자와 함께 청혼서를 신부 측에 보내면 신부 측은 청혼서와 사주를 받아 사당에 고하고 이에 대한 답서 허혼서와 혼인 날짜를 적은 연길을 신랑 측에 보내는 것이다.

마지막으로 신랑집에서 신붓집에 혼인을 허락해주어 감사하다는 표시로 신붓집에 예물과 함께 혼인을 확정 짓는 예장이라 불리는 납폐 문서를 신붓집에 전하는 의식이다. 폐물을 전하는 데는 현일단玄一段과 훈일단纁一段이라 하여 폐물을 싸잡아 표시하는 기록과, 예물의 목록인 물목物目과 예장이라는 편지를 함에 넣어 함께 보낸다. 함잡이들이 메고 가는 함에 들어가 있는 납폐 문서는 혼인 증명서와 같은 역할을 하였기 때문에 신부 측 입장에서는 중요하며, 이를 두고 신랑 친구들이 함을 미끼로 재미있는 장난을 벌일 수 있었던 것이다.

추운 겨울날의 혼인:
혼인 시기

오늘날 최고 혼인 시즌은 봄과 가을이지만, 집에서 잔치를 해야 하는 전통 사회에서는 주로 가을이 지나 겨울이나 이른 봄에 혼사가 치러졌다. 혼서에서 실제 혼인

월별 혼인 분포

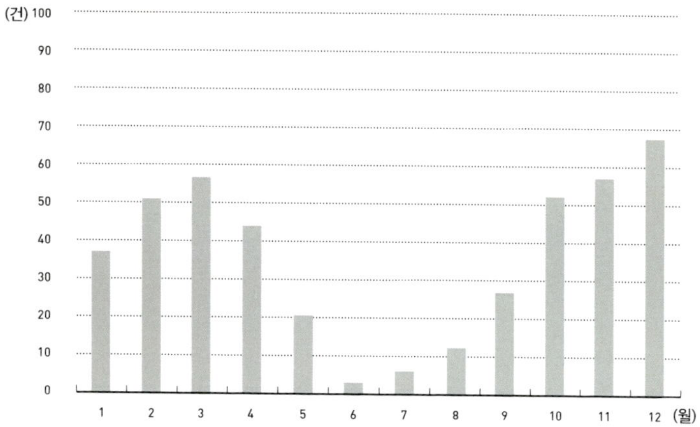

혼인 의례에 소요되는 기간

소요일	10일 이하	11~30	31~60	61~90	90 이상	계	평균 일수
납채-혼례		9	7	1	2	19	48.16
연길-혼례	10	69	34	10	4	127	31.68

※ 1개월 이하는 11~29일.

월별 청혼 문서 발행 분포

월	1	4	10	11	12	계
건수	2	1	2	2	3	10

※ 월은 음력임.

시기를 알 수 있는 정보는 연길에 나타난 결혼 날짜다. 그러나 납폐 문서의 경우 결혼 전 많게는 1주일 아니면 하루 전이나 혼인 당일 날짜로 보내지는 것이었으므로 어느 계절에 혼례가 이뤄지는지 알 수 있다.

일반적으로 신랑이나 신부가 될 사람이 관례나 비녀를 꽂을 의례를 할 나이가 되면 혼처를 찾아 나선다. 앞에서 언급한 것처럼 적당한 혼처가 있으면 중매쟁이를 통해 상대방의 의향을 타진하고, 상대 집안이 허락하면 청혼서를 보내면서 혼례 절차가 시작된다. 이때 중매인을 통해 이미 혼인 의사를 확인한 다음 청혼서를 보내는 것이므로 이미 혼인은 거의 결정되었다. 혼인 의례 기간은 집안의 사정과 집안 간의 물리적 거리 등의 다양한 요인에 의해 결정되었다. 먼저 혼인 절차가 시작되는 시기는 청혼서를 통해 알 수 있다. 앞의 표에 나타난 것처럼 10건의 청혼서에서 청혼 날짜를 보면, 4월의 1건을 제외하고는 추수가 끝나고 추위가 찾아오기 시작하는 늦가을 이후 발행되었다. 혼서의 날짜가 음력이므로 실제로는 11월 이후 2월까지가 집중적으로 발행된 것으로 보아 농경 사회인 조선에서 혼인은 추수가 끝난 후 중매쟁이를 통해 가격家格이 맞는 가문과 혼사를 결정한 것임을 알 수 있다.

청혼서 이후의 혼사 진행은 사주와 혼인 날짜를 잡는 것을 제외한 나머지 것은 의례적인 것이었으며, 절차 진행도 비교적 빠르게 진행되었다. 납채 이후 혼인까지 걸리는 기간은 10일~6개월까지 다양하게 나타나지만, 표에 나타난 것처럼 전체 혼례의 80~90퍼센트가 1~2달 내외였다. 청혼서에서 허혼서까지의 기간이 약 보름 정도 소요되며, 허혼서를 보낼 때 잡은 혼례 날짜擇日까지 한 달 정도가 소요되었다. 그러므로 혼례는 대체로 추운 겨울이나 이른 봄에 이뤄졌음을 알 수 있다. 이는 농경 사회인 조선에서는 농사철을 피하고, 장만한 음식물이 상해 발생하는 식중독을 예방하기 위한 합리적인 선택이었다.

혼인은 신붓집에서: 반친영半親迎

지금은 혼인을 결혼식장에서 하고, 신랑과 신부 측 사정에 따라 신랑 측 고향에서 하는 경우도 많지만, 조선시대에는 신부의 집에서 결혼식을 올렸다. 『주자가례』는 우리나라 사람들에게 큰 영향을 미쳐 혼례의 경우도 세 가지 절차는 『주자가례』에 의거하여 혼인 절차를 진행하였으나 친영親迎은 예외였다. 친영은 결혼식을 의미하는 것이므로 여기에는 문서가 오고가는 것은 따로 없다. 그러나 중국은 결혼식을 신랑집에서 치른 반면 조선은 신붓집에서 거행하였다. 『주자가례』에서 친영은 신랑의 집에서 신부를 맞이하는 의식으로 중국의 관습을 반영한 것이므로 우리나라의 고유한 관습과는 배치되는 것이었기 때문이다.

18세기 일기에는 신부가 시부모에 정식으로 인사하는 현구고례見舅姑禮로 '신부례'라는 『주자가례』에는 없는 조선에서만 존재하는 명칭이 등장한다. 형식도 가문마다 달랐다. 일반적으로는 현구례를 한 후 사당에 고하는 것이 일반적이지만, 권상일의 경우 '묘현廟見'이라 불리는 그러한 절차를 생략하기도 하는 등 『주자가례』의 형식을 선택적으로 채택하고 있다. 기존의 풍속과 가례를 혼용한 다양한 변형이 있었음을 알 수 있다.김정운 2016: 22-38

그러나 혼례식을 치르는 것은 많은 비용이 소요되어 혼인하지 못하는 경우도 발생하였다. 평민들이나 하층민들은 혼례식을 치르지 않거나 정화수만 놓고 약식 혼례를 올리는 것이 일반적이었지만, 국가 차원에서 혼기를 넘긴 사람들을 조사하여 혼인할 수 있도록 지원하기도 하였다. 조선조 법률서들에도 이러한 조문들이 명시되었다. 『경국대전』에는 "사족士族의 딸로 서른 살이 가까워도 결혼 때문에 결혼하지 못하는 사람은 호조戶曹에서 왕의 허락을 받아 혼수를 제공한다"고 되어 있으며 『속대전』에는 "무릇 혼기를 넘긴 자에 대하여 한성부와 각 도에 명령하여 이들을 찾아내어, 호조 및 영읍營邑에서 혼인할 수 있도록 도와준다"고 되어 있다. 또한 『대전통편』에는 "혼기를 넘긴 미혼자를 2년마다 조사하여 혼인을 하도록 도와준다" 등을 명기하고 있다.

국가가 혼인을 도와준 대표적인 사례는 정조 15년(1791)에 있었던 김희집金禧集과 평산 신씨의 혼인이다.

이 사례는 정조의 명에 의해 『김신부부전金申夫婦傳』『동상기東廂記』로 만들어졌다. 『김신부부전』에 따르면 김희집과 평산 신씨는 모두 서손庶孫으로 집이 가난하여 혼인하지 못한 상태였다. 그해 정조가 가난 때문에 결혼하지 못한 사람들을 돈 5백 냥과 무명 등을 지원하도록 하여 혼기를 놓친 대부분의 사람들을 구제하였다. 그러나 이 두 사람은 관의 도움을 받아 혼인 자금을 받고도 각각 혼약한 집안에서 가난을 이유로 파혼을 통보하였다. 이에 왕의 명을 받은 관리들이 이들을 중매하고, 관에서 많은 혼수를 장만하여 혼인을 성사시켰다.

그때의 상황 묘사를 『동상기東廂記』에는 다음과 같이 표현하고 있다.이능화, 1990: 183

> 활짝 핀 봄날 얼마의 눈물이 흘렀기에
> 총각의 옷무새가 다 젖었구나
> 하늘과 같은 성덕과 바다와 같은 은혜로
> 좋은 날로 이미 혼인날을 정하였으니
> 예전에는 옷도 먹을 것도 없는 가난을 한탄하는 소리만
> 있었지만

오늘은 신랑 신부의 좋은 일을 즐겁게 여기는 소리만 있네

처가살이에서 시집살이로

조선 중기까지는 남귀여가혼의 풍속이 널리 통용되었다. 16세기 이문건의 『묵재일기』에서는 아들의 경우 혼례 후 신부가 시어머니를 뵙고 신랑 집에서 생활하였으나, 손녀는 서울에 사는 집안의 아들과 혼인한 후 친정에 거주하였다. 신랑이 1년에 3회 정도 서울에 왕복하였으며 손녀는 시댁에 가지 않았다. 『미암일기』의 유희춘 손자 역시 신부가 친정에 거주하였고 성주 목사의 사위 등 인근의 다른 사례들도 처갓집에서 거주하였다. 16세기에는 친영례親迎禮를 지향하면서도 혼례 후 거주 방식은 양가의 의논에 의해 결정하였으며 남귀여가혼이 지배적이었다.정진영 : 218

17세기 이후 전형적인 남귀여가혼의 풍속은 급격히 줄어들게 되었지만 그 유습은 조선 말기까지 남아 있었다. 17세기 작성된 권상일의 『청대일기』에는 권상일

의 두 번째 처인 여주 이씨가 혼례 후 약 1년 8개월이 지나서 신행하였으며, 권욱의 처 풍산 류씨는 혼례 후 2년 6개월이 지나 신행하였다는 내용이 기록되어 있다. 안동 내앞마을로 출가한 권상일의 딸은 출산 후 조리를 마치고 다음 해 1월 19일 손자와 함께 신행을 하였는데 대부분 여성들은 첫 자녀를 출산한 후 시댁에 신행을 하였으며, 기간은 6개월~2년 6개월까지 일정하지 않다.김정운 2019: 15-32 그러나 18세기 중엽에 쓰여진 최홍원의 『역중일기曆中日記』에 따르면 종매의 경우 초례 후에도 친정집에 머물었으며, 신랑이 처갓집을 드나들면서 생활하였다. 신부가 시집 어른들께 처음으로 예를 차려 인사드리는 현구고례見舅姑禮를 시행하는 데는 최홍원의 종매의 경우 4년 9개월이 걸렸다.정진영 2019: 236-237 이와 같이 사정에 여전히 남귀여가혼의 풍속이 남아 있었으며, 그 절차도 다양하게 전개되었음을 알 수 있다.

남귀여가혼의 유습이라는 점 외에도 경제적 상황이나 생리적 상황에 따라 혼인을 한 후에도 친정에 머무르는 경우도 있었다. 18세기 말 『강정일당 유고』 중 강정일당의 팔촌인 강원회姜元會가 쓴 그녀의 행장行狀에서 그녀가 혼인 후 친정에 머무른 이유를 짐작할 수 있다.

그녀는 20세에 14세인 윤광연과 혼인하였으나 1792년 십수 일 정도 시댁에서 머무르거나, 시아버지가 돌아가셨을 때 머물기도 했지만 본격적으로 시댁에서 살림을 한 것은 23세 때인 1794년부터였다. 결혼 후 3년이나 지나 본격적으로 시댁 생활을 한 것이다. 그 내막을 자세히 알 길은 없으나 아마도 즉시 옷이나 살림살이를 갖추고 갈 수 없었다未卽裝行는 것으로 보아 경제적 요인이 가장 큰 것으로 보여진다. 그리고 바느질과 베 짜는 일을 쉬지 않고 하여 친정어머니가 걱정하는 것으로 보아 결혼 전 그녀는 친정 살림에 큰 역할을 담당하고 있었던 것으로 보인다. 이 사례 외에도 안동 지방의 양반가에서는 50~60년 전만 하더라도 여러 가지 이유로 혼인 후 1~2년을 친정에서 보내는 풍습들이 있었던 것으로 전해진다. 그럼에도 불구하고 신행 기간은 점차로 단축되어서 19세기 단성 지역에 거주하던 김인섭의 자녀들의 경우 시댁에 신행한 후에 임신을 했으며, 출산 역시 시댁에서 이루어졌다.

하늘을 봐야 별을 따지: 재혼 금지

안동 지역 등 양반들이 많이 사는 마을에는 고가들이 많이 있다. 그 중 30칸이 넘는 집들은 보통 'ㅁ' 자 형태를 띄게 된다. 물론 99칸 집이나 규모가 큰 집들은 여기에 별채나 다른 건물을 덧붙이고 있지만 사랑채와 안채가 그 집의 중심이 된다. 'ㅁ' 자 집은 안채와 사랑채로 구성되어 있으며, 외부에서는 안채를 바로 볼 수 없도록 건물 구조를 구성하는 방식을 취하였다. 이는 외간 남자들로부터 배우자를 차단하는 효과를 가져온다. 남녀의 구분을 의미하는 것인 동시에 유교에서의 성 윤리를 짐작하게 하는 대목이다.

성에 대한 터부는 주로 여성들을 중심으로 이뤄졌다. 그 사례가 정절이다. 남성은 여성 배우자가 사망하면 재혼을 하는 것이 일반적인데 반해, 여성 배우자는 수절을 강요받았다. 남성은 성적으로 비교적 자유로웠다. 지방으로 발령받은 관료층들은 기생과 동침했을 뿐 아니라 관아에서 제공하는 일종의 현지 첩 제도를 통해 기생들과 함께 생활할 수 있었다. 기녀들과 함께하니 스캔들도 일어났다. 국상과 부모상을 당했는데도 기녀와 사랑을 나누다가 탄핵받아 파직되거나 곤장을 맞거나, 상투가 잘린 관리도 있었다. 예를 들면 조선 태종 때 정승까지 지낸 조영무 아들 조윤이 그러했다. 태종은 조윤에게 "부친을 배반하고서 어찌 아비의 음덕을 입겠느냐"며 곤장 1백 대를 때렸다고 한다.

상투 잘린 관리는 세종 때 이조 정랑을 지낸 이영서이다. 기녀와 간통을 하다가 발각되어 가족들에게 상투가 잘리는 수모를 당했다고 한다. 더 흥미로운 것은 이영서는 생원 시절 성균관에서 일하는 종의 처를 범했다가 상투가 잘렸다. 이때 병조 정랑 이현로는 이영서에게 "자네 머리털은 꼭 베면 다시 나는 부추 나물일세그려"라고 했다고 전한다. 분명한 것은 조윤은 곤장 백 대를 맞았고, 이영서는 상투가 잘렸지만 여성이 간통을 했다면 사형이었다.

여성들은 아들을 낳지 못하면 '칠거지악' 중 하나를 어겼기에 언제든지 버림을 받을 수 있었지만 부인들이 남편을 버릴 수는 없었다. 아내가 남편에게 욕설만 해도 이혼당하는 아픔을 겪어야 했다. 수절은 여성이 가야 할 길이었으며, 재가도 금지되었다. 여성이 재가를 할 경우 조선 사회에서는 대개 자식을 전남편 집에 두고 가는 것이 일반적이겠지만, 고려나 조선 초기까지 재가하는 여성이 자녀를 데리고 가는 사례가 적지 않았다. 따라서 재가는 자식이 어느 아버지의 성씨를 따를 것인가 또는 어떠한 상복을 입을 것인가에 이르기까지 남자 위주의 가계 계승에 적지 않은 혼란을 제공하기도 하였다. 이렇듯 여성들의 재가 금지는 가계 계승에 있어서 순수 혈통을 보장받고 싶어 하는 남성들의 욕망에서 비롯된 것이었고, 여성의 정절은 단지 구실일 뿐이었다.정성희 2001: 122

2 혼인 연령

혼인 연령은 출산력을 설명하는 가장 강력한 변수로 인식되어왔다. 유럽에서 예방적 인구 조절 기능을 가능하게 하였던 출산력의 조정 수단은 혼인 연령이었다. 동유럽과 서유럽의 출산력의 차이는 만혼과 독신 비율에 큰 영향을 받은 것으로 나타났다. Ansley&Susan 1986: 1-173 한국의 경우도 1960년대 이후 출산율 감소에 가장 큰 영향을 미친 요인은 혼인 연령의 상승이었다. 그러나 같은 동아시아 국가인 일본의 경우 전근대 시대 혼인 연령이 출산력에 미치는 영향은 지역마다 다양하게 나타나고 있으며, 중국의 경우도 지역마다 다양한 경향을 보이고 있다.

혼서, 족보, 호적을 이용하여 혼인 연령을 파악하면

혼인 연령을 파악할 수 있다. 사주단자, 납폐 문서, 혼인 날짜 등을 모두 기록한 네 종류의 혼서가 모두 존재한다면 신랑이나 신부의 혼인 연령을 알 수 있겠지만 혼서 전체가 존재하는 경우는 극히 예외적이다. 혼서들은 신랑과 신붓집 간의 교환 문서이므로 당연히 한 집안에서 모든 종류의 혼서를 보관할 수 없기 때문이다. 통상적으로 신붓집은 납채, 청혼서 및 신부가 평생 간직하게 되는 예장을, 신랑집은 허혼서, 연길 등을 보관하고 있다. 또한 혼서는 대부분 연호와 같은 표시 없이 간지로만 표시되어 있으므로 정확한 출생 연도와 발행 시기를 알 수 없다. 결국 혼서를 발급한 집안의 족보에서 신랑 및 신부의 출생 연도와 혼인 연도를 찾아야만 혼인 연령을 파악할 수 있다.

여기에는 보낸 날짜가 적혀 있어 이를 통해 신랑과 신부의 혼인 연령을 알 수 있다. 혼서에 나타난 혼인 연령을 살펴보면 17~19세기 초까지 전체적인 추세는 하강하는 경향을 보이지만 시기별로 변동을 보이고 있다. 18세기 초반 이후 1750년대까지의 하락 추세와 1840년대 이후 1900년까지의 하락 추세를 보이고 있다. 조선 시대의 혼인 연령은 25~29세의 유럽은 물론이고 일본의

혼인 연령 분포: 1536~1945

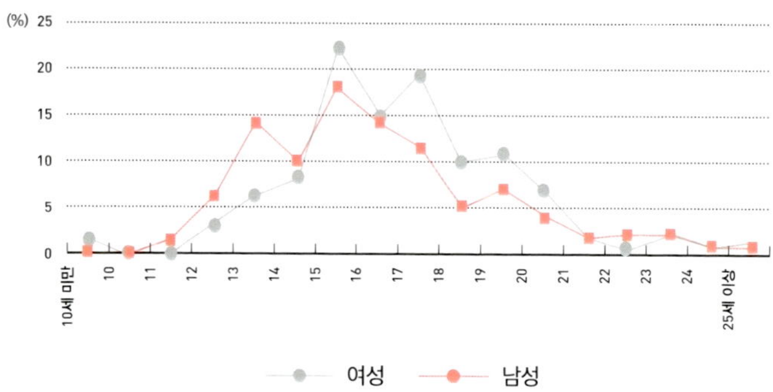

20~26세보다는 낮은 추세를 보이고 있다. 어린 나이에 혼인을 한다는 것은 당연히 자식을 일찍 보기 위한 것이었다. 결국 조혼 풍습은 출산율을 증가시키는 결과를 가져오게 된다.

먼저 혼인 연령의 분포를 살펴보면, 혼서에 나타난 조선 후기 양반들은 15~19세 연령 구간에서 남자의 59퍼센트, 여자의 61.7퍼센트가 혼인하여, 일반적으로 15~19세 사이가 적령기인 것으로 나타났다. 15~19세기 전체 초혼 평균 연령mean age at marriage은 남녀가 각각 16.67세와 16.76세였다. 이 수준은 25~29세의 유럽과 20~26세의 일본보다는 낮은 수준이며, 16~19세의 혼인 연령을 보이는 중국과 비슷한 수준을 보이고 있다. Lee&Campbell 1997: 89, Lee&Wang 1999: 67, Tsuya 2001: 112-114 조선에 있어서 조혼은 전근대사회의 일반적인 풍습으로 보여진다. 25~29세의 유럽이나 20~26세의 일본의 경우는 예외이긴 하지만, 16~19세의 혼인 연령을 보이는 중국을 비롯한 전근대 아시아 및 아프리카 사회에서 조혼 현상은 일반적인 현상이었다. Lee&Campbell 1997: 89, Lee &Wang 1999: 67, Tsuya 2001: 112-114

그러나 그 변화 양상은 남녀별로 다르게 나타난다. 남성의 혼인 연령은 낮아지는 데 반하여 여성의 혼인 연령은 높아지는 추이를 보이고 있다. 그 결과 1500~1549년의 구간에서는 남성의 혼인 연령이 여성의 혼인 연령에 비해 2.65세가 높은 것에 반해, 1600~1669년 구간에서는 1.11세로 줄어들었다가 1700~1749년에 이르러서는 오히려 여성의 혼인 연령이 남성의 혼인 연령보다 0.85세 높아지는 현상이 나타난다. 여성의 혼인 연령이 남성의 혼인 연령보다 높은 현상은 19세기까지 지속되었다.

50년 단위별 혼인 연령 (단위: 세)

연도	남성	첫째 부인	둘째 부인
1400~1499	17.43	12.83	
1500~1549	17.98	15.33	
1550~1599	18.03	15.50	
1600~1449	17.46	16.35	
1650~1699	16.21	17.21	18.00
1700~1749	16.15	17.05	21.57
1750~1799	15.19	16.09	18.60
1800~1849	16.50	17.30	19.45
1850~1899	15.54	16.80	20.83
1900~1949	16.33	16.67	17.50
1950~	25.33	21.71	
평균	16.67	16.76	19.63

혼인 연령 추이에 따른 몇 가지 특징을 살펴볼 수 있다. 첫째, 신분 간 배우자 간 혼인 연령이 다르게 나타난다. 1686~1799년 경상도 단성 지역의 호적에 나타난 배우자 간의 연령 차이를 살펴보면 남성 배우자가 하층 0.5세, 중층 0.4세, 상층 0.1세 연상이며, 부부 중 여성 연상의 비율은 하층 36.4퍼센트, 중층 36.2퍼센트, 상층 44.0퍼센트로 나타났다.김건태 2004: 205-207 같은 시기 혼서에는 여성의 평균 초혼 연령이 남성보다 1.12세 높게 나타나며, 여성 연상형의 비율은 57.7퍼센트에 이르렀다. 혼서에 기재된 사람들의 관직 비중이나 사회적 명망 등 사회적 지위가 단성 지역의 양반보다 높다. 이는 사회적 지위가 상승할수록 남성 배우자의 초혼 연령이 상대적으로 낮아지고 여성 배우자의 연상 비율도 증가하는 현상을 보이고 있다. 사회적 지위가 남녀 배우자 간의 초혼 연령의 차이에 영향을 미치고 있음을 알 수 있다.

둘째, 1500~1899년의 4백 년 동안 남성의 혼인 연령은 하락하는 추세로 나타났지만, 여성의 혼인 연령은 큰 변화가 없는 것으로 나타나고 있다. 19세기 혼인 연령의 하락 추이를 보여준다. 특히 19세기 이후 혼인 연령의 하락폭이 확대되고 있는데 사망률의 증가 때문이다.

인구 압력이 높아지면서 18세기 중반 이후 조사망률은 지속적으로 높아지고 있었으며, 양자養子의 비중은 점점 높아져 간다.박희진 2002: 14-16 조선 사회 상류층 양반들은 사망력 증가로 인한 자손의 단절과 같은 위기 상황을 맞아 남성의 조혼화를 통해 가문의 대를 잇고자 하였을 것이다. 이러한 행태는 양반들뿐만 아니라 하위 계층들에게도 일반적인 것이었다. 단성 지역 혼인 연령에 관한 연구에 따르면 흉년이 극심한 시기에는 혼인 연령이 감소하는 현상을 보였다.김건태 2004: 208-220 대만도 비슷한 양상을 보이고 있는데, 유아 사망률이 높아지면 각 가문에서는 빨리 출산할 수 있도록 혼인 연령을 앞당기는 경향을 보였다. 한국이나 중국과 같은 가부장적 유교 질서가 강한 국가에서는 대를 잇고 가족을 유지하기 위해 남자아이가 필요하였던 것이다. 이를 통해 부계 중심 사회에서 혼인 연령의 조절을 통해 가계를 존속시키려 했다는 것을 알 수 있다.

셋째, 남녀별로 사회경제적 환경에 따른 혼인 연령의 변동 추이가 다른 현상이 나타나고 있다. 18세기 이후 남성의 조혼화는 사망력에 의해 영향을 받았음을 알 수 있다. 이에 반해 여성의 초혼 연령은 시간의 흐름이나 사망력에 큰 영향을 받지 않고 있다. 또한 여성의 초혼 연령은 사회적 지위에 따른 차이도 크지 않은 것으로 나타난다. 18세기 호적에 나타난 상층 여성 17.8세와 하층 여성 17.7세로 나타나 계층에 상관없이 여성들의 초혼 연령은 비슷한 수준을 유지하고 있다. 현재로서는 사회 관습적으로 17세기 이후 혼인 연령이 비교적 일정하게 유지되어야 할 이유를 찾을 수 없다. 이는 혼인 연령을 일정하게 유지하게 하는 어떤 요인이 있음을 의미하며, 이는 생리적인 문제와 관련지어 생각할 수 있다.

상층 양반의 경우 혼인을 일찍 시키고자 하는 가장 큰 이유는 자식 출산에 있을 것이다. 그러나 혼인을 하여도 가임을 못 한다면 일찍 혼인시킬 유인이 없다. 혼인하여 일찍 회임하지 못한다면 신랑과 신부 양가 모두 곤란할 것이기 때문이다. 그러므로 두 가문은 모두 여성의 가임이 가능한 시기를 전후로 혼인시키는 것이 모두에게 만족스러운 결과를 가져올 수 있지 않았을까. 이는 여성의 혼인이 초경初經을 전후로 이루어졌을 가능성이 높다는 것을 의미한다.

조선 시대에 배란이 시작되는 초경에 관한 기록이나 구전은 전혀 없어 그 실상을 알 수는 없다. 다만 여성의 성인식인 계笄를 올린 후 혼인을 진행시킨 것으로 보아 계를 올리는 것이 초경과 관련이 있을 것으로 짐작된다. 그러나 조선 후기 여성의 초경 연령은 식민지기에 조사된 자료를 통해 짐작할 수 있다. 하나는 평양 지방의 전매국 여공들을 대상으로 조사한 결과이며, 다른 하나는 조선 후기 환경과 유사한 경상남도 울산의 달리라는 농촌 지역의 여성들을 대상으로 조사한 결과이다. 대무휘는 1935년 9월에서 1936년 9월까지 1년간 평양 지방의 전매국 여공들을 대상으로 조사하였다. 조선인 여공들의 평균 초경 연령은 16.1세이며, 중위수는 16.3세이다. 黛武輝 1939: 45-46

여공들에 비해 1925~1936년경 농촌 지역인 경상남도 울산 달리 여성의 초경은 더 늦게 시작하였다. 이 지역 여성의 평균 초경 연령은 17.50세로 나타나고 있으나 경제적 여건에 영향을 받고 있다. 1정보 이상 소유한 가계의 여성들은 17.22세, 0.5~1정보를 소유한 가계 여성들은 17.56세, 0.5정보 이하 소유 가계는 17.75세로 나타났다. 도시지역 거주 여성이 농촌 지역 거주 여성의 초경보다 이른 시기에 시작하였으며, 영양 상태가 좋을수록 초경 연령은 낮아지고 있는 것으로 나타난다. 조선농촌사회위생조사회 1939: 163-164 조선 후기 여성들의 초경 연령은 대체로 달리의 초경 연령과 유사하거나 높을 것으로 보여진다.

혼인은 초경을 전후한 시기에 이뤄졌음을 알 수 있다. 초경을 전후하여 혼인 대상을 물색하고, 혼담 이후 혼례까지 성사시킨 것이다. 실제 그림에 나타난 것처럼 초혼 연령 분포가 초경의 분포 연령을 전후로 이루어지고 있음을 알 수 있다. 초혼 연령과 혼인 연령이 큰 차이가 없다는 것은, 18세기 이후 여성 초혼 연령의 조절을 통한 출산율의 조정은 거의 효과가 없었음을 의미한다.

이상에서 남성의 초혼 연령은 17세기 이후 지속적으로 감소하는 경향을 보이고 있으며, 호적 자료와 비교한 결과 사회적 지위나 사망력에 영향을 받고 있는 것으로 나타났다. 이에 반해 여성들의 초혼 연령은 생리적 현상에 의해 제약받고 있었으며, 가임할 수 있는 초경 연령에 강하게 영향을 받고 있음을 알 수 있다.

여성 초혼 연령의 하방 경직성은 적령기 여성 부족 현상의 상존 가능성을 제공하고 있다. 만약 문화적 관습과 같은 여건들이 일정하였다고 가정하고, 상층 양반

초경 연령과 세기별 혼인 연령 분포

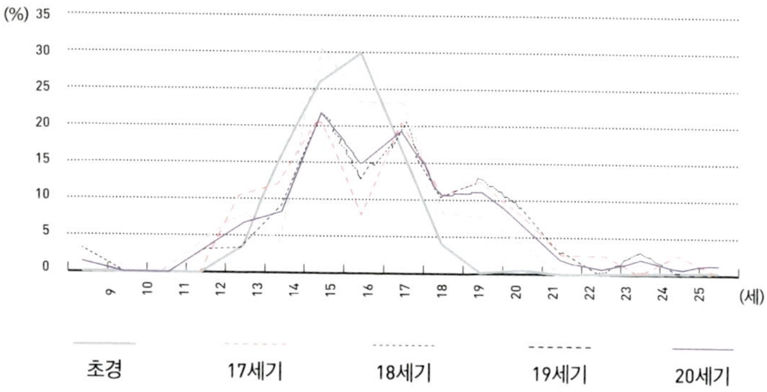

여성의 공급과잉 상태가 지속되었다면 여성의 초혼 연령은 초경 연령에 상관없이 상승할 수밖에 없기 때문이다. 실제 남녀 간의 차별은 논외로 하더라도 남성의 재혼은 자유로운 반면 여성의 재혼이 자유롭지 못한 조선 사회에서 양반 여성의 공급 부족 현상은 명확하다. 이는 양반 여성의 부족 현상이 시기별로 어떻게 나타나는가에 따라 양반 사회 전체의 출산율은 영향을 받게 된다는 것을 의미한다.

3장

출산 조절 기제와 출산 문화

1 출산 조절 기제

맬더스의 인구 조절 가설

산업혁명 이전 모든 사회가 식량 부족에 시달렸듯이 우리 조상들도 식량 부족으로 인한 고통을 감내해야 했다. 식량 생산의 증가 속도보다 인구 증가 속도가 더 빠르기 때문이다. 그 결과 인구수가 식량이 부양할 수 있는 수준에 도달하기까지 많은 사람들이 아사하거나 질병 및 전염병으로 사망하였다. 식량 부족으로 인한 이러한 비참한 사망을 막기 위해서는 인구 증가 속도를 조절하든지 아니면 식량 생산 증가 속도를 올려야 한다. 산업혁명 이전에는 식량 생산 증가 속도가 인구 증가 속도보다 빠르기 때문에 결국 인구 증가 속도를 줄여야 한다. 인구 증가 속도는 출산과 사망에 의해 발생하는 동태적인 현상이다. 비참한 사망을 통한 강제적 인구 조절이 아닌 자율적인 인구 조절은 출산율을 낮추는 것이다. 출산은 혼인과 관련되어 있다. 혼인은 그 사회의 문화 및 제도와 밀접한 관련을 맺고 있으므로 결국 혼인과 관련된 문화들을 살펴보아야 한다.

인구에 관한 이러한 현상을 처음 설명한 사람이 토머스 로버트 맬서스(1766~1834)이다. 그의 인구이론은 기술 발전 속도와 인구 발전 속도와의 특성에 기반하고 있다. 인구는 기하급수적으로 증가하나 전통 사회에서 농업의 기술 발전 속도를 보여주는 식량 생산은 산술급수적으로 증가하므로 인구와 식량 사이의 불균형이 필연적으로 발생할 수밖에 없다. 식량이 부족하면 기근과 빈곤 문제가 발생하게 되고 이에 따라 도둑이나 강도 및 사회적 혼란이 발생한다. 그는 인구 증가를 억제하는 방법으로 기근, 질병 등으로 인한 사망과 같은 사후적 억제positive check 외에 성적인 문란을 억제하고, 결혼을 연기하여 출산율을 감소시키는 등의 도덕적 억제가 필요하다고 주장하고 있다. 이를 예방적 억제preventive check라 한다. 그는 한 사회의 장기적인 발전을 위해서도 예방적 억제가 필요하다고 주장하였다. 예방적 억제로 인구수가 조절되면 사람들의 생활수준은 상승하고, 사회는 안정적이며, 장기 지속적인 발전이 가능하며, 유럽에서만 이런 현상이 나타났다고 생각했다.

그는 인구 조절에서 유럽인의 도덕적 우월성을 강조하였다. 만혼이나 독신 등과 같이 혼인에 대한 자율적인 억제를 통해 출산율을 조절하는 예방적 억제는 유럽에서만 가능하였으며 그 이외의 지역에서는 이러한 도덕적 억제가 이뤄지지 않아 경제 발전 없는 정체된 사회 상태가 지속되었다고 생각하였다.

영아 살해

유럽에서만 출산 조절이 가능하다는 맬더스의 가설은 사실이 아닌 것으로 나타났다. 세계 대부분의 사회에서는 여러 형태의 인구 조절이 존재해왔다. 중국이나 일본의 출산율이 유럽의 출산율보다 낮은 것으로 나타나고 있으며, 중국이나 일본의 경우 비도덕적 방법이기는 하지만 영아 살해라는 관습을 통해 인구를 조절하고 있었던 것으로 알려져 있다.

동아시아 국가 중에서도 유교적 영향이 강한 조선의 경우 이러한 영아 살해는 일반적인 풍습이 아니었다. 중국이나 일본의 영아 살해 풍습은 사람들의 입에서 입으로 전해지는 구전으로 널리 전해지고 있었으며, 20세기 이후에도 영아 살해 행위가 존재해왔다. 반면에 조선의 경우 다만 남아 선호에 따른 여아에 대한 차별 등에 대한 사례는 잘 알려져 있지만 '아기장수 설화' 정도 이외에는 특별히 영아 살해에 대한 풍습에 대한 구전이 없으며, 각종 문헌에서도 영아 살해에 대한 언급 또한 없다.

> "내가 살펴보건대 중국에서 자식이 많은 경우 자식을 모두 키우지 않는 풍속은 금기로 여기는 풍습(5월 5일에 태어난 경우와 같은 것) 때문이거나 혹은 가난하거나 세금이 무거워서이다. 우리나라에서는 유일하게 명천 사건이 『국조보감』에 보인다. 그리고 이런 사건에 형률을 적용할 때에는 마땅히 정황을 참작하여 처벌해야 하고, 계획된 흉악범과 같은 죄로 처벌해서는 안된다."

정약용, 『흠흠신서』, 박석무·정해겸 교주(현대실학사, 1999), 55쪽

명천 사건은 1681년 함경도 명천에 거주하면서 거지 생활을 하던 산봉의 아내 막금이 아들을 낳고 아이를 죽이려 하다가 다른 사람에게 제지되었던 사건이다. 이 경우를 제외하고는 영아 살해에 관한 사례를 찾아보기 힘들다는 다산의 언급에서 나타난 바와 같이 조선 사회는 인구 조절을 명분으로 출생한 아이들을 살해하는 것이 일반적인 풍습은 아니었다는 것을 알 수 있다.

출산을 조절하는 기제들:
성을 억제하는 문화들

영아 살해를 통해 인구 조절하는 관습이 없었다면 한국은 어떤 인구 조절 기제를 가지고 있을까. 조선에서도 중국이나 일본처럼 영아 살해를 일상적인 행위로 간주하였을까. 이하에서는 조선에서의 인구 조절 기제는 어떠한 것이며, 어떠한 과정을 통해 인구 조절 기제가 발휘되는지를 살펴보자.

전통 사회에서 출산에 영향을 미치는 요인은 크게 수명과 혼인력, 성교 횟수 및 피임 여부 등과 같은 생물학적 요인과 사회제도나 문화적 규범, 사회경제적 조건 등과 같은 사회 문화적 요인으로 대별된다. 그러나 모유 수유, 성행위 횟수 등과 같은 생리학적 요인들도 엄밀히 말하면 혼인 및 부부 생활에 관한 사회적 규범과 관습 등에 의해 그 수준이 결정된다.

출산율의 장기적인 하락은 출산 문화와 깊은 관련을 가지고 있다. 조선 후기 종법 질서의 강화는 가족 내 여성의 지위를 지속적으로 하락시켜왔다. 기본적으로 유교가 가지고 있는 성 윤리와 관련하여 여러 가지 출산 문화가 발생하였다. 주요 관습으로는 종법 질서의 강화에 따른 성 의식이나 양반 여성의 재가 금지 등을 들 수 있다.

출산력 감소에 가장 큰 역할을 한 것은 여성의 재가 금지였다. 조선 사회에서 양반 여성이 재혼할 경우 본인은 물론 후손들도 사회적으로 신분 하락 등 많은 불이익을 받았다. 이런 사회체제하에서는 남편이 일찍 죽으면 그 부인은 재가를 하지 못하므로 아이를 가질 수 없으며, 이는 사회전체적으로 출산력의 감소를 초래한다. 족보에 따르면 가임 기간 중 과부가 되는 비율이 전체 가임 여성에서 차지하는 비율이 21퍼센트에 달하고 있다. 또한 가임 기간 중 과부로 보내는 평균 기간은 11.89년으로 나타났다. 실제 재혼이 가능한 남성들과 재혼이 금지된 여성들 간의 출생률을 살펴본 결과 10~13퍼센트 정도의 차이가 발생하고 있다.

물론 양반 여성들의 경우 18세기 이후 재혼 금지가 보편화되었으므로 재혼 금지가 18세기와 19세기에 큰 차이가 없었으나, 일반 평민의 경우는 달랐다. 호적 자료를 이용한 연구에 따르면 18세기까지는 평민들의 경우 여성의 재혼이 자유로웠으나 19세기에 들어오면서 평민들의 재혼도 많은 제약을 받은 것으로 나타난다. 이는 19세기 이후 종법 질서가 더욱 강화되면서 여성들의 재혼에 대한 문화적 제약이 더욱 강화되었음을 의미한다. 1894년의 갑오농민전쟁 당시 농민군이 내건 폐정 개혁안에 '과부의 재가 금지 폐지'가 포함된 것을 볼 때 19세기 말경에는 이미 상당수의 평민 여성들까지 재가 금지의 영향을 강하게 받았음을 알 수 있다.

둘째는 성에 대한 터부이다. 조선 사회의 성행위에 관한 의식은 서유구(1764~1845)의 『임원경제지』, 「보양지」에 잘 나타난다. "사람의 정은 매우 귀하나 적어서

신윤복의 사시장춘(四時長春) 혜원 신윤복(1758~1814)의 대표적인 춘화도 중 하나로 노골적인 표현 없이 은유적으로 모든 상황을 유추하게 만드는 걸작이다.

모두 한 되 여섯 홉에 지나지 않는다. 한 번 성교할 때마다 반 홉씩 손상되어 더함이 없으니 정이 말라 몸이 고달프게 된다." 서유구는 "이 생에 정액이 한정되어 있기 때문에 그것의 소모가 어리석은 일"이라는 입장을 보였다. 성호 이익(1681~1763)은 색욕의 나쁜 결과를 다음과 같이 경고하였다. "오직 사람은 남녀가 서로 따라서 혹 밤낮을 가리지 않으니 금수에도 미치지 못하는 것이다. 그러므로 덕을 잃고 복을 망치고, 명예를 무너뜨리고 자신을 죽이고, 아름다운 얼굴을 망치고 몸에 병을 가져오고, 목숨을 재촉하고 마음의 영각을 둔하게 하고, 이목의 총명함을 어둡게 하고 평생의 학업을 폐하고, 선조의 산업을 파괴하는 등 거기에서 미친 환해를 이루 다 헤아릴 수 없다."민족문화추진회 1977: 178

도교적 양생 개념이 생리학적 성 관념이라면 문화적 요인으로는 성리학적 질서의 강화로 인한 사회 문화적 개념이다. '남녀칠세 부동석'이라는 말이 조선 시대의 성 관념을 대표적으로 보여주는 말이다. 남녀 간의 유별을 강조한 말로 조선 시대 '내외 사상'의 결과이다. 원래 '남녀칠세부동석'이란 말은 『예기禮記』에 나오는 말로 남녀 간의 성의 역할에 관한 의미였다. 남녀 간의 예절을 지키고, 역할을 분담하며, 공간을 분리해야 한다는 의미였으나 종법 질서가 강화됨에 따라 점차 간통이나 근친상간 등 풍속의 순화 수단으로 사용되기 시작하였다. 이는 가옥 구조에도 영향을 미쳐 안채와 사랑채로 구분하여 안채는 부인이 거주하고, 사랑채는 남편이 거주하면서 필요한 경우에만 안채로 출입하도록 설계되었다. 비록 가난하여 초가삼간이라도 가능하다면 내실과 사랑으로 구분하였다.

성생활을 해야 하는 경우 남편은 부인 방에서 들어갔다가 새벽에 들어오는 것이 다반사였다. 또한 방음에 취약한 한옥 구조상 부부의 성행위는 상당히 제약될 수밖에 없었다. 또한 남성의 성생활은 건강과 수명에 직결되는 것으로 보아 정기를 보호하기 위해 지나친 성행위를 경계하는 도교적 사상이 현실 생활에 투영되었다.

이러한 성행위에 관한 의식은 실천적인 처방서인 『양생서養生書』에도 그대로 반영되어 있다.

> "평생의 금기는 밤에 불을 켜고 성생활을 하지 않는 것임을 반드시 알아야 한다. (……) 지나친 성생활은 정精을 말리므로 이것이 도를 배우는 데 있어서 가장 큰 금기

이다."

"봄과 여름에는 (성교를 통해 양기를) 쏟는 것을 적게 하고, 가을과 겨울에는 성 기능을 튼튼하게 하는 데 힘쓴다. 혼자 자는 것이 진기를 지키는 것이니, 삼가고 안정하는 것이 가장 귀하다."

이와 같이 쾌락을 쫓아 과도한 성행위를 경계하고 있으며, 건강하게 살기 위해서는 성행위를 적게 하는 것이 좋다고 적고 있다. 또한 손진인孫眞人이 쓴 『침상기枕上記』에는 다음 내용이 기록되어 있다.

"너무 춥거나 더울 때는 성교를 하지 말고 술에 취한 뒤에도 성교를 하지 말아야 하는데, (성생활을 하면) 오장이 뒤집어진다. 뜸을 떠서 몸을 따뜻하게 하는 것이 혼자 자는 것만 못하다."

중국의 동진시대 갈홍(283~343)이 지은 것으로 알려진 『포박자抱朴子』에 나타난 도교적 양생술에는 바람직한 성행위 횟수에 대해 기록하고 있다. 20대는 3~4일에 1회, 30대는 8~10일에 1회, 40대는 16~30일에 1회,

50대는 1~3개월에 1회를 하고 60대 이후로는 7개월에 1회 정도의 성생활을 하는 것이 바람직하다는 것이다. 또한 왕실부터 사대부까지 남자아이를 출산할 수 있는 방법으로 부부 합방의 날짜를 정하는 '씨 내리는 날'을 정하는 것이 암묵적 관행으로 수행되어왔다. 부부의 가장 큰 덕목은 가계 계승이었으므로 최대한 쾌락을 억제하는 방향으로 부부 관계가 설정되는 문화가 지배적이었던 것이다. 그 외에도 민간에 전해지는 일반 평민들의 성행위와 관련된 속담들에서도 이와 유사한 의식이 나타나고 있다.

- 조혼早婚은 요절의 저울이다. (충북, 함북)
- 조혼하면 수명이 짧다. (함북)
- 좋은 약 천 첩은 하룻밤의 독방과 같다. (전북, 경남, 평북, 함남)
- 혼자 자는 것은 약藥과 같다. (충북, 함북)
- 색욕은 호랑이와 같이 무섭다. (강원)
- 한 달에 색色을 세 번 한다. (황해)
- 7일에 한 번 색을 한다. (충북)
- 음주 후 색을 범하지 마라. (전남, 경북, 강원)

위의 양생서와 속담들은 대부분 색을 멀리하라는 의미로 사용되고 있으며, 신분과는 상관없이, 쾌락으로서의 성을 터부시하는 의식이 실생활에서 투영되고 있음을 보여준다.

이 외에도 출산을 억제하는 요인으로 시묘살이가 있었다. 조선에서 가장 큰 덕목은 효이므로 부모의 사망 시 3년이나 1년간의 시묘살이를 해야 하는데, 얼마나 실천되었을지 알 수 없지만, 원칙적으로 부부 관계를 피해야 했다. 이와 같은 조선의 유교적·도교적 성 윤리는 의도하지 않았지만 결과적으로는 출산율의 중요한 조절 기제로 작용하였다.

2 출산 문화

돌부처의 코:
자식을 바라는 마음

조선 사회에서 한 가계의 가장은 남자 자손을 통해 대를 이어나가야 할 의무가 있었다. 혼인을 해서 남자아이를 출산하여 조상의 제사를 모시고 종족을 보전하기 위해서는 일찍 혼인하여 제사를 모실 남자아이가 필요했다. 이를 위해서는 가능한 자식이 많으면 좋다는 인식을 가지고 있었다. 성종의 어머니인 소혜왕후의 『내훈內訓』의 「혼례」 편에 담긴 "사람이 혼례를 소중히 여김은 조상의 혈통을 이으며 제사를 위한 것"이라는 내용은 성리학적 가계 계승의 중요성을 함축적으로 기술하고 있

코 없는 돌부처 코가 문드러진 형태의 부처상이다. 전국 산하에 코 없는 돌부처들이 산재해 있다. 국립중앙박물관 소장.

칠성각 경상북도 울진 불영사의 칠성각. 칠성신은 민간에서 재물과 재능을 주고 아이들의 수명을 늘려주며 비를 내려 풍년이 들게 해주는 신으로 도교가 불교와 융합되는 과정에서 나타났다. 고려 시대까지는 칠성각을 잘 찾아볼 수 없으나, 조선 시대에 들어와서 차츰 나타나기 시작하여 현재는 전국 대부분의 사찰에 건립되어 있다.

으며, 그 책임을 여성에게 일방적으로 전가하고 있다.

조선 시대 여성의 가장 큰 의무는 사내아이를 출산하여 가계를 계승하도록 하는 것이다. 여성이 혼인하여 아들을 낳지 못하면 병이라 하였고, 심지어 칠거지악의 하나로 삼았다. 그러므로 조선 시대 여성들은 신분 고하를 막론하고 필사적으로 아들을 출산하기 위한 원을 담아 기도하거나 여러 미신적인 행위를 행하곤 하였다.

아이를 낳지 못한 이유가 혈분血分이 부족한 탓이라고 하여 숙지황, 백작약, 천궁, 당귀로 제조한 사물탕四物湯이나 불임 특효약이라는 봉출蓬出 등 10여 개의 약재로 제조한 향부환칠제香附丸七製 등과 같은 환丸을 먹기도 하였다. 통상적으로 남자아이의 출산을 빌기 위해 부정하지 않은 날을 잡아 바위 앞에 정성껏 제물을 차리고 치성을 드린다. 그 외 부처·산신·천지신명·일월성신(해, 달, 별) 등을 대상으로 기도하였으며, 그 장소로는 사찰이나 뒷산 및 앞마당 등 장소를 가리지 않았다. 그 결과 많은 사찰에는 여성들이 아들을 낳기를 비는 칠성각이 있었고, 산에 있던 돌부처의 코는 납작코가 되었다.

이 외에도 전국 각지에 남근과 여근의 유적 및 설화가 없는 곳이 없다. 민간신앙에서 파악할 수 있는 풍습으로는 성석문화性石文化를 들 수 있다. 성석은 남녀의 성기를 믿는 종교적, 주술적 의례 및 민간신앙의 형태이며, 대체로 아이 낳기를 기원하거나 풍요를 기원하며, 마을의 보호를 원하기도 한다. 그중 아이를 원하는 의례적인 행위들은 개인적인 치성과 성석을 대상으로 한 유사 성행위를 흉내 내는 행태로 나타난다. 사람들이나 지역에 따라서 바위를 쓰다듬거나 껴안기도 하고, 돌을 넣거나 타고 놀기, 동전이나 돌 붙이기, 구멍에 나뭇가지 끼우기 등의 행위를 하기도 한다.

먼저 바위를 껴안고 쓰다듬는 행위는 남근석을 어루만지면서 바위의 생산적인 힘이 산모에게 옮겨 오기를 바라는 것이다. 공알 바위에 돌 던지기는 주로 '공알 바위' 형태의 돌 속으로 돌을 던져 넣음으로써 여성의 가임이 잘되라는 의미로 사용되었다. 실제 충북 제천시 무도리 음지만실 입구에는 공알 바위가 있는데, 언제부터인지 알 수 없지만 아이를 갖지 못한 부녀자들이 이곳을 찾아 돌멩이를 던지며 아이 낳기를 기원했다. 구멍에 돌을 던져 넣는 행위는 구멍을 여성의 자궁으로 보고, 돌을 남성의 남근으로 의인화한 것이다. 돌멩이를 구멍에 넣는 것은 여성의 자궁에 남근을 넣는 것과 같은 의미이고, 이는 생명의 탄생과 연결되는 민간신앙이었다. 그 외 구멍에 나뭇가지를 넣거나 동전 등을 바위에 붙이는 것도 이와 동일한 의미였으며, 조금 더 현실과 유사한 성행위를 모방한 바위를 올라타는 행위도 생명의 출산을 간절히 원했던 여성들의 바람이 담긴 행위들이었다.

산야에 있는 많은 돌부처의 코는 남자아이를 소망하는 여성들의 손에 의해 납작코가 되었다. 아들 낳은 집의 금줄을 1주일 동안 차고 다니거나, 고추가 달린 금줄을 훔쳤으며, 상갓집 상여 만장을 상주 몰래 찢어서 속곳을 해입기도 하였다. 경북 안동에서는 우물이나 냇물에 세로로 떠 있는 작은 나무토막이나 마디가 있는 짚단을 물과 함께 마시거나 은빗장, 나무 열쇠, 은가락지를 달여 마시기도 하였으며, 이슬을 마시거나 개구리 알을 달여 마시는 풍습까지 있었다. 그리고 다른 사람의 장남 배내옷을 훔치는 행위 등과 같은 주술적, 미신적 행위들도 유행하였다. 심지어 "뒷간의 똥물이라도 마실 정성이 있어야 아들을 보는 것"이라는 말처럼한지원 2012: 162 남자아이를 낳기 위해, 지금의 상식으로는 이해하기 힘든, 각종 민간 처방들이 존재하였다.

임신을 용이하게 하기 위해 1년 중 합방을 하면 귀한 아들을 낳을 수 있다는 귀숙일貴宿日(씨 내리기 날)을 정하는 풍습도 있었다. 지역마다 그 날짜가 다르지만 대부분 춘하추동으로 나누어 씨 내리는 날을 결정한다. 예를 들어 봄에는 갑을, 여름에는 병정, 가을에는 경신, 겨울에는 임계 등과 같이 합방 날짜를 잡는 것이다.

자기 먹을 것은 자신이 갖고 태어난다: 피임이 없는 사회

오복 중 하나가 자식이 많은 것이었다. 조선 시대 기록 중 일부 기생을 제외하고는, 산아제한을 해야 한다는 주장이나 이를 위한 피임으로 어떠한 조치를 취했다는 문헌이나 구전을 어디에서도 찾을 수 없다. 식민지기인 1930년대 울산의 달리 지역 여성들만 하더라도 거의 모든 여성이 피임을 하지 않았다.조선농촌사회위생조사회 1940: 167 특별한 피임이 없었을 것이라는 것은 족보 기록에 나타난 여성의 출산 연령을 통해서도 유추할 수 있다.

서울 경기 지방과 충청도 일원에 주로 거주하던 전주

이씨 무안대군파 족보全州李氏 撫安大君派 族譜에 나타난 40세 이후 출산한 여성을 보면, 1700~1899년 40세 이후 남자아이를 출산한 여성이 전체 2,489명 중 190명으로 전체 출산의 7.6퍼센트를 차지하고 있다. 오늘날 40세 이후 출생률이 1퍼센트에도 미치지 못하는 것과 비교해 볼 때 대단히 높은 수치임을 알 수 있다. 남자의 경우는 60세가 넘어 자식을 가지는 경우도 전체의 1퍼센트를 상회하고 있다.

1886년 5월 4일 손자 행동 출생

1886년 5월 22일 셋째 아들 참진 출생

위의 사례는 손자가 아들보다 먼저 태어나는 경우인데 이러한 경우도 여성들이 피임을 하지 않았기 때문에 조선 시대에는 드물지 않은 사례였다. 식민지 시기 또는 그 이후인 1950년대만 하더라도 주위에서 많이 목격할 수 있는 사례이다.

고령 출산의 빈도가 높음에도 불구하고 족보에 나타난 1700~1900년에 출생한 여성 1인당 평균 남성 자식 수는 우리의 일반적인 통념과는 전혀 다른 결과를 보여준다. 일제시대에 살았던 우리 아버지나 할아버지들이 보통 7남매에서 10남매 정도인 것처럼 조선 시대에도 보통 7~10명 이상의 형제들이 있었을 것이라 생각하기 쉽다. 그러나 족보에 나타난 여성 1인당 평균 자식 수를 보면 18세기 1.51명, 19세기 1.40명에 불과하다. 그럼 실제 한 부부가 출산한 자식 수는 얼마나 될까. 우선 족보에 나타난 1.41~1.51명의 자식 수는 족보의 특성 때문에 발생하는 현상이다. 족보에는 여성의 출생과 사망에 관한 정보가 없으며, 본인의 혼인 이전에 사망한 사람들이 누락되어 있다. 또한 여러 가지 이유로 족보에 기재되지 못한 사람들이 다수 있기 때문에 실제 자식 수를 계산하기 위해서는 누락된 사람들을 복원하여야 한다. 이때 남녀의 출산 비율을 50 대 50으로 계산할 수 있으므로 여성을 포함할 경우 18세기 3.02명, 19세기 2.80명이 된다. 문제는 족보의 기록이 혼인한 사람들만을 기록한 문서이므로 혼인 이전에 사망한 사람들을 추정하여야 실제 자식 수를 알 수 있게 된다.

혼인 이전에 사망한 사람들의 비율을 개략적으로 살펴볼 수 있는 방법은 출산 간격이다. 족보에 나타난 출산 간격은 태어난 사람들 중 혼인 이후까지 생존한 사람들

간의 기간을 의미하므로 이 기간에 태어난 사람 중 사망한 사람들이 포함되어 있기 때문이다. 족보에 나타난 평균 자식 수가 1.4~1.5명이므로 1~2남 사이의 평균 출산 간격을 살펴보면 혼인 이전의 사망자 수를 알 수 있다. 그런데 피임을 하지 않았을 시기인 1900~1944년대의 평균 출산 간격이 5.19년이고, 이 시기 혼인 이전의 사망 확률 39퍼센트를 이용하면 개략적으로 평균 3.1년에 남자아이가 출생하게 된다. 그런데 18세기와 19세기 1~2남의 평균 출산 간격이 각각 6.81년과 6.80년이므로 혼인 이전의 사망 확률은 대체적으로 50퍼센트를 상회하는 수준이었다. 그러나 자식을 2명 이상 출산한 경우를 대상으로 계산한 것이므로 만약 남자 자식이 2명 미만인 경우를 감안한다면 대체로 50~60퍼센트 정도의 사망률 수준을 보였다. 이를 토대로 한 사람의 여성이 평생 동안 출산하는 평균 자식 수는 18세기 6.22~7.56명, 19세기 5.6~7명 정도가 된다. 실제 연구에 따르면 상층 양반들의 혼인 이전 사망률이 50퍼센트 수준으로 우리가 통상적으로 알고 있는 자식 수 6~8명 정도의 아이를 낳고 이 중 절반 이상이 혼인 이전에 사망하였다는 것을 보여주고 있다. 김두얼 2012

일반적으로 인위적인 출산 조정이 없다면 전통 사회에서의 출생률은 1천 명당 40~45명 정도의 자연 출생률을 보인다. 그러므로 조선 시대의 출생률은 전형적인 전통 사회의 출산 행태를 보이고 있다.

태교와 금기:
태아 교육과 안전한 출산을 위한 규범

태교란 여성이 임신하고 태중에 태아를 위해 힘쓰는 교육을 말한다. 태교는 기본적으로 심신을 근신하고 바르고 부정한 것을 피하는 것이었다. 태교는 의학적 입장에서 기술한 중국의 태산서胎産書로부터 출발하였고, 고려 말 성리학의 도입과 함께 우리나라에 도입되었다. 태교에 관한 언급은 고려 말 정몽주의 어머니 이씨가 쓴 『태중훈문胎中訓文』에서 처음 보인 이래로 노중례·유효통의 『향약집성방鄕藥集成方』, 허준의 『동의보감東醫寶鑑』, 송시열의 『계녀서戒女書』, 소혜왕후의 『내훈內訓』, 이빙허각의 『규합총서閨閤叢書』 등 많은 문헌에 등장하고 있다. 장정호 2005, 정해은 2009 그러나 태교에 관한 기존의 논의

들을 수합하여 가장 자세하고 구체적으로 언급하고 있는 것이 이사주당의 『태교신기胎敎新記』이므로 이를 중심으로 당시 성리학적 세계관에서의 태교에 대해 정리할 수 있다. 그녀는 "스승의 10년 가르침이 어머니의 열 달 가르침(태교)에 미치지 못한다師敎十年 未若母十月之育"고 태교의 중요성을 강조하였다. 그녀는 태교의 핵심은 임신 기간 중 자신의 마음과 몸가짐을 바르게 함이고, 이를 통해 건강하고 훌륭한 자식을 출산할 수 있다는 데 있다. 이를 위해 임신 중에도 부지런히 움직이며, 성현의 책이나 화려하고 아름다운 것들과 같은 올바른 것만 생각하고 싸우거나 병든 사람과 같이 좋지 않은 것들을 보지 않으며, 마음을 차분하게 유지하여 간사함, 탐욕, 도적질, 시기와 질투, 욕이나 모진 소리 등과 같은 나쁜 마음을 먹지 않는 것이라 하였다. 정양완 2000: 81-86

태교를 현실태로 나타낸 것은 음식물에 대한 금기와 행위에 대한 금기였다. 산모들의 순산과 이상적인 인품의 자식을 얻기 위해 임신 중 산모가 겪게 되는 일들이나 산모의 언행이 태아에게 영향을 준다는 판단하에 금기시해야 하는 행위들이다.

> 상류층에서는 임산부에게 안정을 취하게 하고 노동을 하지 않고 음식물을 가려 먹기 시작하면서 익힌 고기를 먹지 않는다. 임산부들은 온돌의 굴뚝 수리와 같은 것을 하지 않는다.
>
> 이마무라 도모, 『조선풍속집』, 홍양희 옮김(민속원, 2011), 323면

위의 글은 총독부 촉탁으로 조선의 풍속에 관해 조사했던 이마무라 도모今村鞆의 조선의 임산부가 금기하는 사항에 대해 적은 글이다. 그러나 도덕적 태교 윤리는 사람들이 처한 상황에 맞게 변형되어 금기하는 식품이나 행위들이 매우 다양하게 나타났다. 『태교신기』와 계녀서에는 음식을 가려 먹어야 한다는 점을 강조하고 있으며, 동의보감에서는 다음 페이지의 표에서 보듯 임산부가 금기해야 하는 음식들에 대해 구체적으로 언급하고 있다. 술과 약을 금하는 것은 물론 열여덟 종류에 달하는 임산부의 금기 음식과 사유를 기록하고 있다.

그 외 지역이나 계층에 따라 습속이 달라 금기 음식도 다르게 나타난다. 서울에서는 『동의보감』에 나타난 식품 외에도 오징어, 비둘기, 생선 뼈, 문어, 고양이, 소나 돼지의 뇌, 복숭아, 포도 씨, 두부, 미나리, 상

『동의보감』에 나타난 임산부의 금기 음식과 사유

금기 음식	사유
당나귀	예정일을 넘겨 난산함
개	벙어리
토끼	언청이
비늘 없는 생선	난산
게	게걸음
양의 간	재앙이 많음
닭 및 계란	촌충寸蟲이 생김
오리 및 오리 알	심한心寒
참새와 술	음란한 성격과 주근깨
자라	목이 짧아짐
생강 싹	손발가락이 많아짐
율무	낙태
엿기름	태기가 사라짐
비름	낙태
마늘	태기가 사라짐
메기	풍열風熱이 생김
산양	병이 많음
버섯	경풍驚風으로 요절

추쌈, 메밀묵, 고추장, 매운 음식, 냉수, 제사 음식 등을 금기시하고 있으며, 부산 지방에서는 가오리, 신것, 노루, 가물치, 얼음, 고춧가루, 까마귀 등을, 제주도에서는 비둘기, 포도주, 맵고 짠 음식, 밀가루, 돼지고기, 냉수 등을 금했다. 춘천 지방에서는 오징어, 홍어, 낙지, 돼지, 쌍밤, 닭 뼈, 상가 및 제사 음식, 생선 뼈, 담배, 식초, 뿌리가 두 갈래인 무, 순두부, 뱀, 북어 대가리, 가재, 굽은 야채, 노루, 까마귀, 개구리, 메밀, 가자미, 우렁이, 장아찌, 가오리, 잉어, 녹두 등이 금기 음식이었다. 지역이나 사람마다 금기시하는 음식의 종류가 다양하게 나타난다. 임양순 1990: 429-432

음식물에 대한 금기는 주로 음식물의 외양과 관계있었다. 대체로 공통적으로 금기시하는 음식은 토끼, 게, 오징어, 오리, 쌍지무(뿌리가 두 갈래인 무), 상어, 닭고기 등이었다. 토끼는 언청이, 게는 털이 많거나 간질, 오징어 같은 연체류는 뼈가 없어 기형, 오리는 손가락이나 발가락이 붙는 기형, 무와 같은 뿌리 식물 중 두 갈래로 된 것은 쌍둥이, 상어와 닭은 거칠거나 보기 흉한 피부 등과 관련되어 금기시하였다. 임동권 1990: 419-420

행위와 관련된 풍속은 『태교신기』에 나타난 것처럼

임신 중 피해야 하는 대표적인 금기 행위
아궁이를 새로 만들거나 수리하지 않는다.
자리 두 장에 걸쳐 앉거나 드러눕지 않는다.
손톱을 깎아 불에 태우지 않는다.
불난 것을 보지 않는다.
상여를 보지 않는다.
살생을 하지 않는다.
물건을 훔치지 않는다.
낫을 넘지 않는다.
새끼줄을 넘지 않는다.
말고삐 줄을 넘지 않는다.
마을에 부정이 있거나 전염병이 있으면 금줄을 치고 황토를 뿌린다.

근신하는 마음가짐과 몸을 단정히 하는 것이다. 금기 음식은 주로 자식들의 기형과 관련된 항목이 주를 이루고 있는 반면, 금기 행위는 주로 임산부의 몸가짐을 근신함으로써 주로 자식의 인품에 영향을 미칠 수 있는 항목들로 이뤄지고 있다.

이와 같이 임산부들이 각종 금기를 통해 심신을 근신

하고, 부정한 것을 멀리하도록 하는 것이 태교의 기본이라 생각하고 있었음을 알 수 있다. 이를 통해 기형의 자식이나 자식에게 해가 가는 행위를 회피하고 싶은 절실한 임산부들의 마음을 알 수 있다.

출산 과정:
고통 끝에 맞이하는 출산

분만이 가까워지거나 혹은 산통이 시작되면 일반적으로 출산을 돕는 경험이 많은 노파인 산구안産救女을 불러 출산을 돕도록 한다. 노파를 부를 수 없는 형편의 하층 계층은 시어머니 또는 친정어머니가 출산을 돕거나 출산 경험이 있는 친척 여성이 출산을 도왔다. 형편이 여의치 않으면 산모 스스로 출산해야만 했다.

출산 시 보통 산모를 돕는 사람의 역할이 주될 것이라는 일반적 인식과 달리 현실에 있어서는 산모 스스로 출산해야만 하는 경우가 매우 많았다. 조선 시대의 산속과 크게 다르지 않을 것으로 보여지는, 1930년대 빈한

한 농촌 지역이었던 경상남도 울산군 달리(현재 울산광역시 남구 달동)의 경우 동네에 전문적인 산파는 없으며, 어머니나 출산을 돕는 동네 사람의 비중이 경제적 계층에 따라 달리 나타나고 있다. 1정보 이상 소유한 부농층의 경우 출산의 66.6퍼센트가 출산 시 다른 사람의 도움을 받는 반면 하층인 농업 노동자의 아내들의 경우 68.2퍼센트가 아무런 도움 없이 혼자서 출산했다.조선농촌사회위생조사회 1939: 198 따라서 경제적 상황이나 지역에 따라 산파의 이용 여부는 다양하였다.

출산은 생명을 위협할 정도로 매우 위험한 행위인 동시에 모든 산모는 순산에 대한 소망이 있었으므로 출산 시에도 다양한 기복적 풍속이 존재했다. 무수히 많은 순산을 위한 습속이 있으며, 지역적으로 매우 다양하게 나타난다. 그러나 대체로 순산을 바라는 방법은 크게 세 가지이다.

첫째는 문을 열어놓는 것과 같이 산도産道가 무난히 열리기를 바라는 마음이 투영된 습속이다. 경제적 능력이 있는 집안에서는 무녀를 불러 안산 축원을 하기도 하였지만 가장 일반적인 것은 아기가 나오는 문의 출입이 자유롭게 되라는 뜻에서 창문과 장롱 문 및 모든 마개가 있는 것을 열어놓는 것이었다. 또는 얽힌 것이 풀어지듯 빨리 해산하기를 바라는 마음에서 빨랫줄이나 허리끈 등 맺혀 있는 모든 것들을 모두 풀어놓기도 하였다. 둘째는 출산에 관한 모든 것을 관장하는 신인 삼신할머니나 자신들이 믿는 부처와 같은 신들을 향해 정화수를 떠놓고 비는 행위가 가장 일반적이었다. 부산 지역의 경우이다. 셋째는 남편의 기운을 의지하는 방법이다. 예를 들어 이미 순산한 다른 여성의 옷을 빌려입거나 남편의 옷을 배 위에 걸쳐놓기도 하였으며, 남편이 지붕 위에 올라가거나 심지어 산실에서 부인의 배 위를 왔다 갔다 하는 행위 등이 있다. 이경복 1979, 김승찬 · 허영순 1990: 360-361

산실에는 짚이나 멍석을 깔고 산통이 시작되면 임산부는 반은 앉고 반은 누워 있는 자세를 취한다. 양손을 앞으로 짚고 엉덩이 부분을 발 디딘 곳에서 조금 들어 올린 후 가랑이를 벌리면 노파는 뒤쪽에서 임산부의 복부를 끌어안아 안심시키며 기운을 낼 수 있게 돕는다. 태아가 보이면 가위 또는 당목의 껍질로 탯줄을 끊고 산후 분비물이 저절로 나오기를 기다렸다.

임산부가 출산하기 전, 시어머니 또는 친정어머니는 짚

자리와 기저귀, 쌀과 미역을 장만하여 준비한 후 분만이 끝나면 먼저 쌀밥과 미역국 세 그릇을 출산한 방의 서남쪽에 차려놓고 삼신께 올리고, 산모에게는 보통 소화되기 쉬운 곡물 가루나 죽을 제공한다. 이능화, 김상억 역 1990: 281 또는 죽에 콩 또는 마른 피조개를 섞은 음식을 먹이기도 하였는데 새벽에 산신에게 바쳤던 음식을 사용하였다. 今村鞆, 홍양희 역 2011: 325

낙망과 쾌재:
남아 선호

전통적인 가부장적 사회인 조선 후기 사회에서 대代를 잇기 위해서는 남자 자식을 낳아야 한다. 불효 중 으뜸이 가계를 잇지 못하는 것이었다. 양반집 여성들은 결국 대를 잇는 책임을 숙명으로 떠안아야 했다.

남아 선호 풍조는 여러 기록에서 찾아볼 수 있다. 먼저 임신 중에 남녀의 성비를 조절할 수 있다는 전녀위남법轉女爲男法을 들 수 있다. 전녀위남법은 아들을 낳을 수 있는 원리와 방법을 설명한 것으로서 1443년에 발간된『향약집성방鄕藥集成方』에 처음 등장한 이래 여러 의서에 언급되고 있다. 특히 허준의『언해태산집요諺解胎産集要』와『동의보감』에 자세하게 그 원리에 대해 설명하고 있다.『동의보감』의「부인문」'전녀위남법' 조에 따르면 임신한 지 3개월 된 시기에는 남녀가 정해져 있지 않으므로 약을 먹거나 방술을 통해 아들을 낳을 수 있다는 것이다.『동의보감』의 파급력에 의해 17세기 이후 전녀위남법은 일반 기층 민중으로 보편화되고 일상화되었다. 후대로 내려오면서 이러한 방중술에 대한 효력을 다 믿지는 않았지만 아들을 절실히 원하는 많은 사람들에게 '아들 낳는 비법'을 구하는 이론적 근거를 제시하고 있다. 김호 1999: 301-304

출생 시 외부에 이를 알리는 표식에서도 남녀 간의 차별은 여실히 차이가 난다. 경기 이남 지역의 경우 아이가 출생을 하면 금줄을 치지만 경기도 개성이나 평안도 평양 등 현재 북한 지역에서는 금줄 대신 대문에 글귀를 쓰는 풍습이 있었다. 남자아이가 태어나면 백지에 '유산경기부정有産慶忌不精'이라 적고, 여자아이가 태어나면 '유산고기부정有産故忌不精' 또는 '해산가解産家'라 적어 대문에 붙여놓았다. 今村鞆 2011: 174 남자아이의 출산은 경축할 일이고, 여자아이의 출산은 그냥 출산했다는 표시만 한 것이다. 이처럼 남녀 간의 차별이 출생할 때부터 나타난 것이다.

조선 시대 일기에서 남녀의 출생에 대한 아버지들의 감정을 느낄 수 있다. 경상도 예천의 맛질에 사는 함양 박씨의 일기에는 딸을 계속 낳을 경우 '낙망落望', '심하게 실망甚失望'이라는 표현을 사용하는 경우가 많은 반면, 기다리던 아들을 출산하였을 때는 '시원하고도 즐겁다快哉快哉'라는 표현을 사용하고 있다. 또 전라도 구례 운조루의 문화 류씨 류제양의 일기에도 아들을 향한 집념이 잘 나타나 있다.

> "재종숙모는 정해생(올 42세)으로 작년 무진 3월 초 9일에야 비로소 사내아이를 낳았으니 천 가지 경사가 이보다 더 크랴? 더구나 삼대독자가 아니냐."

일부일처제가 비교적 철저하게 지켜졌던 조선의 양반가에서 남자 자식을 얻기 위해서는 40세가 넘었어도 남자아이를 낳기 위해 필사적인 노력을 하였음을 알 수 있다.

남아 선호의 풍습은 아직도 우리들 머릿속에 뿌리 깊게 남아 있다. 불과 수십 년 전만 하더라도 남편에겐 밥상을 차려주고 자신은 부엌에서 반찬 한두 가지에 숟가락 하나로만 밥을 먹는 여성들의 모습을 쉽게 볼 수 있었다. 또한 보약은 아들들에게나 먹였으며, 학교 진학도 남자들을 우선하였다. 지금도 딸을 낳고는 무슨 죄를 지은 죄인인 양 행동하는 경우들이 있다. 이러한 경험담은 여러 방송 매체에서 심심찮게 들을 수 있는 내용들이다.

족보에 따르면 남자를 100으로 했을 때 여자의 비율이 16세기에 72퍼센트, 17세기에 74퍼센트 등 70퍼센트 이상이던 것이, 18세기에 67퍼센트로 낮아지기 시작하여 19세기에는 52퍼센트로 급감하였다. 생물학적으로 남성과 여성이 태어날 확률은 각각 50퍼센트 정도이다. 그럼 왜 이런 현상이 벌어질까? 여성의 혼인 때까지 생존율이 남자에 비해 떨어졌으며 족보 기록에서 여성이 누락되는 비율이 증가했기 때문이다.

우선 족보에 기재될 수 있는 조건인 시집가서 자식을 생산하는 인구의 비율이 크게 하락하였을 가능성이 있다. 이는 남성에 비해 여성의 유아 및 청소년기의 사망률이 크게 높아졌다는 것을 의미한다. 조선 시대 여성은 남성들에 비해 상대적으로 영양 상태가 부족하고 의료 혜택을 적게 받아 영유아기 여성들의 사망률이 높았을 것이다. 이러한 사례는 중국의 경우에서 살펴볼 수 있는데 남아 선호 사상의 결과, 많게는 20퍼센트 이상의 여아가 부모의 손에 살해당했다는 결과가 있으며, 일본의 경우에도 흉년기에 여아들이 살해당한 기록들이 있다. 여아의 부족 현상이 발생하였으며 그 결과 여성 인구의 부족으로 인한 사회 전체의 출산력 억제에 한몫을 담당하였다. 결국 조선 시대의 다산에 대한 선호도 남아의 다산을 의미하는 것이지 여아의 다산을 의미하는 것은 아니었을 것이다.

산후조리와 아이의 보호: 금줄

개성이나 평양 및 함경도 진남포 지역 같은 경우 금줄을 치지 않고 백지에 글을 쓰거나 문 앞에 화목을 놓아두는 등 다른 방법으로 출산을 알리는 풍습이 있지만

남자아이 금줄 금줄은 출산한 산모와 아이의 보호를 위해 출입을 금지한다는 표시이다. 지역에 따라 금줄에 매다는 방식은 다양하지만 일반적으로 남자아이가 태어나면 고추를 매달았다.

여자아이 금줄 여자아이가 태어나면 솔가지 또는 숯을 매달았다.

경기도 이남 지역은 대부분 금줄을 친다. 일반적으로 출산하는 날 아이를 낳은 집에서는 가옥의 입구인 문 앞 상부에 새끼줄로 금줄을 친다. 금줄을 치기 전에 보통 부정을 막기 위한 의식으로 소금을 뿌리기도 하고, 정화수나 미역국과 쌀밥을 올려놓고 산모와 출산아의 건강과 복을 빌기도 하였다. 남자아이면 고추, 여자아이면 솔가지 또는 숯, 그리고 바닷가는 미역 등 해산물을 새끼줄에 끼워 집에 출산이 있으므로 출입을 금해달라는 신호를 보내는 표식이었다.

금줄이 쳐진 집의 주변 이웃들은 다듬이질 등 모든 시끄러운 소리를 내지 않음으로써 산부와 어린 영아를 배려하였다. 출산 후 3일이 지나면 바닥에 깔려 있던 짚을 걷고 방 청소를 한 후 따뜻한 쑥과 같은 향이 들어가 있는 물 또는 맹물로 영아를 씻기기 시작하고 배내옷을 입힌다. 산모도 몸을 닦으며 곡식에 미역국을 먹기 시작한다. 미역은 파혈의 성분이 있어 해산한 산부의 기력 회복에 유용하기 때문이었다. 태반의 처리도 이때 이뤄지는데 왕실의 경우나 매우 신분이 높은 양반들은 태실을 따로 마련하거나 항아리에 담아 매장하였지만 일반 서민들은 매장하거나 하천 또는 바다에 버리거나 울타리 안이나 마당 구석 또는 천변 등에 태워 짐승들이 먹지 못하게 하는 것이 일반적이었다.

지방마다 조금씩 다르지만 대체로 출산 후 1주일 동안은 매일 산신産神인 삼신할머니에게 산모와 아이의 건강을 기원하였으며, 남편도 보통 1주일 동안은 산실로 출입하지 못하게 하였다. 출산 후 2주가 지나면 친족 중 나이 든 여자나 양가 어머니들의 출입이 가능하였고, 3주가 지나면 일반 사람들에게 아기를 공개하는 절차를 거쳤다.

금줄을 치는 기간은 지역마다 계층마다 차이가 있으나 가장 많은 경우는 한칠(7일)간과 삼칠(21일)간이 가장 일반적이었다. 삼칠을 지낸 까닭은 출산 후 21일이 지나야 산모의 체력이 어느 정도 회복되며, 영아도 그때쯤 면역력을 가질 수 있다는 생각에서 비롯되었다. 금줄을 치는 기간이 한칠이 더 많은 이유는 일반적으로 남자 아기가 태어나면 삼칠까지, 여자 아기가 태어나면 한칠 동안 금줄을 유지하는 풍습도 있지만 현실적으로 여성의 노동력이 필요하였기 때문에 충분한 산후조리할 시간을 확보할 수 없었기 때문이다. 현재도 많은 할머니들로부터 "애기 낳고 다음 날부터 밭에 가서 일을 했다"라는 이야기를 어렵지 않게 들을 수 있는 것처럼 현실에 있어서 21일을 쉴 수 있는 산모는 매우 상층에서나 가능했다. 위에 언급된 달리의 경우 90.4퍼센트의 산모가 1주일 이내로 산후조리를 했다고 증언하고 있었으며, 21일 이상 산후조리를 한 여성은 전체 산모의 0.97퍼센트에 불과할 정도였다.

성 인식 변화에 따른 출산 문화의 양상

이 연구는 기본적인 인구 증감의 원인을 출산 조절 기제를 통해 살펴보려는 시도였다. 모삽과 혼인 이전 사망자들의 누락 문제가 있는 족보를 여러 판본과 대조하기도 하고 몇 가지 가정을 추가하여 인구 추이를 추정하였다. 최근에는 행장류에서 확인되는 혼인 이전에 사망한 자식들의 출생과 사망 정보를 이용하여 보다 신뢰성 높은 출산율을 산출하였다.

앞에서 언급한 바와 같이 족보와 행장류 등으로 분석한 결과에 따르면 조선 시대 양반 여성 1인이 평균 5.09명을 출산했는데 17세기 이후 지속적으로 감소하는 추세를 보이고 있다. 이는 출산력이 지속적으로 감소하였음을 의미한다.

한편 출산에 가장 큰 영향을 미치는 것으로 알려진 혼인 연령은 남성과 여성이 다르며, 계층과 지역마다 다르게 나타난다. 그럼에도 불구하고 일반적으로 혼인 연령이 낮아지는 경향을 보이고 있다. 조선 시대 사람들은 비교적 조혼 풍습이 지배적이었으나 각 시기와 지역, 그리고 계층마다 혼인 연령이 다양하게 나타난다. 상층 여성의 혼인 연령은 16.2~18세로 중층이나 하층 계층의 여성들보다 일찍 혼인을 하며, 초산 연령도 다른 계층보다 낮은 19세로 나타난다. Son&Lee 2010 또한 도시보다는 농촌의 여성들이 일찍 혼인하며, 계층적으로 상위에 있는 사람들의 혼인 연령이 낮으며, 이에 따라 초산 연령도 상위 계층일수록 어린 것으로 나타난다. 시기적으로는 16세기 이후 상층 여성의 혼인 연령은 큰 변화를 보이지 않고 있다. 이는 유럽이나 일본보다 3~4세 정도 낮은 것이나 1774~1873년의 중국 요령성 지역 여성들의 혼인 연령 18.32세와 비슷하거나 그보다 낮게 나타난다. 반면에 남성의 혼인 연령은 16~18세로 중국의 20.5세보다 크게 낮을 뿐만 아니라 17세기 이후 시간이

경과할수록 혼인 연령이 낮아지는 추세를 보이고 있다.

출산율이 하락하는 이유로 성에 대한 인식, 여성의 재가 금지, 남귀여가혼에서 시집살이 등을 들 수 있는데 성 인식을 제외하고는 모두 조선 후기 이후 여성의 가족 내에서의 지위 하락과 관계가 있다. 조선 사회에서 여성의 혼인 연령은 15~19세기에는 전체적으로 안정적인 혼인 연령 추이를 보이고 있으며, 20세기 이후 상승하기 시작하였다.

반면에 남성의 혼인 연령은 지속적으로 감소하는 경향을 보여주고 있다. 또한 남성의 혼인 연령은 성인 사망력에 영향을 받고 있으며, 18세기 이후 성인 사망력은 지속적으로 증가하는 경향을 보이고 있다. 이 상황에서 조선의 양반들은 종법 질서를 강화하는 한편 가계를 계승하기 위해 남성의 조혼화 전략을 채택하였다. 그러나 여성의 경우 가임 가능 연령이 되어야 아이를 출산할 수 있으므로 여성의 혼인 연령은 초경 연령menarche age을 중심으로 형성된 것으로 파악된다. 이로부터 부계 중심 사회에서 가족을 유지하기 위한 수단으로 남성의 혼인 연령을 이용했다는 것을 알 수 있다. 조선 후기에 들어서 남성의 성생활은 자유로운 데 반하여 여성에게는 정절을 요구함으로써 종법 질서가 점점 더 강화되었다. 양반 여성의 재혼 금지는 조선 시대 양반의 순재생산 능력을 제한하는 일정한 역할을 담당하였다.

여성의 지위 하락은 시집살이에서도 확인할 수 있다. 조선 중기 이전까지만 하더라도 남귀여가혼이 일반적인 풍습이었으나 『주자가례』의 영향으로 점차 반친영 형태로 변화되면서 시집살이가 일반적인 형태로 자리잡게 되었다. 17세기 이후 남귀여가혼의 유습인 혼인 후에도 친정에 머무르는 기간이 점차 짧아지고 있었으며, 시집살이로 인한 가사 부담과 스트레스는 출산율에 큰 영향을 주었을 것으로 보여진다.

가계 계승에 대한 부담과 여성의 지위 하락에 따라 남아 선호 경향은 더욱 강화되었으며, 이는 남아와 여아 간의 차별과 같은 악습을 초래하였다. 성은 자식을 낳은 수단으로서의 가치만을 높게 평가하고, 쾌락으로서의 성을 터부시함에 따라 출산율에 영향을 주었고, 정숙한 여성의 이미지와 과부의 재가 금지 등 여성의 성은 더욱 제약되었다. 따라서 많은 여성들이 남아를 낳기 위해 각종 주술적이거나 미신적인 방법을 통해 아이를 갖기를 원하는 풍속들이 생겨나게 되었다.

출산은 가계 계승의 여부를 결정하는 중요한 일이므로 출산 문화 또한 발달하였다. 출산 전에는 아이를 쉽게 수태하는 비법에 관한 각종 기술이 유행하였으며, 태교를 중요시함에 따라 임신 후 여성의 마음가짐이나 행동 및 음식에 대해 많은 주의를 요구하는 문화가 발달하였다. 또한 출산 때나 출산 이후 부정한 것을 멀리하려는 노력들이 경주됨에 따라 사람들로부터 출생한 아이의 생명을 보전하는 문화인 금줄과 같은 풍속이 일반화되어 있었으며, 현재까지도 그 전통이 면면히 내려오고 있다.

물론 울산 달리의 여성들에게서 살펴볼 수 있는 바와 같이 조선 시대 일반 여성들은 현실적으로 산후조리를 잘 하기 어려웠으나, 그에 대한 기본적인 이념이 현재 한국만의 산후조리에 적용됨에 따라 유럽이나 다른 지역사회에 비해 보다 진일보한 시스템을 구축할 수 있는 바탕이 되었다.

박희진

| 참고문헌 |

『默齋日記』, 『璿源續譜』(1856; 1878; 1900), 『全州李氏 長川君派譜』(1989), 『咸陽朴氏 世譜』(1694; 1789; 1850; 1939), 『全州李氏 撫按大君派譜』(1833; 1847; 1900; 1962; 1977), 『咸陽朴氏 恥庵公派世譜』(1987), 『閨閤叢書』, 『朝鮮衛生風習錄』.

한국고전번역원, 『한국문집총간』(http://minchu.or.kr).

한국학중앙연구원, 『한국역대인물종합정보시스템』(http://people.aks.ac.kr).

고부자(1976), 「제주도의 산후속」, 『한국민속학』 9.

권내현(2008), 「조선 후기 입양의 시점과 범위에 대한 분석」, 『대동문화연구』 62.

권태환·신용하(1979), 「조선왕조시대 인구 추정에 관한 일시론」, 『동아문화』 14.

김건태(2001), 「조선 후기의 인구 파악 실상과 그 성격」, 『대동문화연구』 39.

______(2004), 「18세기 초혼의 사회사」, 『역사와 현실』 51.

김두얼(2012), 「행장류 자료를 통해 본 조선시대 양반의 출산과 인구 변동」, 『경제사학』 52.

김두종(1966), 『한국의학문화대년표』, 탐구당.

김승찬·허영순(1990), 「부산지방의 산속」, 『가면극·세시풍속·산육속』, 민속학회 편, 교문사.

김정운(2016), 『17-18세기 경상도 북부지역 사족의 친족관계 연구: 일기에 나타난 혼인과 제사를 중심으로』, 경북대 사학과 박사학위 논문.

______(2019), 「18세기 경상도 사족의 혼례방식」, 『지역과 역사』 44.

김헌선(2013), 「한국 춘화(春畵)의 면모와 의의」, 『실천민속학연구』 22.

박희진(2002), 「조선 후기 가계당 평균구수 추세: 족보를 이용한 가족 재구성을 중심으로」, 『경제사학』 33.

______(2006), 「양반의 혼인 연령: 1535-1945, 혼서를 중심으로」, 『경제사학』 40.

______(2013), 「한국의 사망력 변천과정」, 『한국족보의 특성과 동아시아에서의 위상』, 계명대 출판부.

박희진·차명수(2003), 「조선 후기와 일제시대의 인구 변동: 전주 이씨 장천군파와 함양 박씨 정랑공파 족보의 분석」, 『경제사학』 35.

손병규(2004), 「인구사적 측면에서 본 호적과 족보의 자료적 성격」, 『대동문화연구』 46.

______(2006), 「족보의 인구기재: 1926년경에 작성된 합천이씨의 3파보를 중심으로」, 『고문서연구』 28.

신동원(1996), 「한국 근대 보건의료체계의 형성, 1876-1910」, 서울대학교 박사학위 논문.

______(1999), 「전녀위남법의 고고학」, 『역사민속학』 9.

심영옥(2012), 「혜원 신윤복 풍속화의 성 풍류적 특징 연구」, 『동양예술』

19.
우대형(2003), 「조선 후기 인구 압력과 상품작물 및 농촌직물업의 발달」, 『경제사학』 34.
우인수(1997), 「부북일기를 통해 본 17세기 출신군관의 부방생활」, 『한국사연구』 96.
이경복(1990), 「조선 시대 산속연구」,『가면극 · 세시풍속 · 산육속』, 민속학회 편, 교문사.
이능화 · 김상억 역(1990), 『朝鮮女俗考』, 동문선.
이성임(2003), 「16세기 양반관료의 외정: 유희춘의 『미암일기』를 중심으로」, 『고문서연구』 23.
임동권(1990), 「한일 산육속 비교」, 『가면극 · 세시풍속 · 산육속』, 민속학회.
임양순(1990), 「산기별 식품금기 습속」,『가면극 · 세시풍속 · 산육속』, 민속학회.
장정호(2005), 「유학교육론의 관점에서 본 『태교신기』의 태교론」, 『대동문화연구』 50.
정성희(2001), 「조선의 성풍속: 여성과 성문화로 본 조선 사회」, 가람기획.
정진영(2000), 「18세기 호적대장 '호구' 기록의 검토」, 『이수건 정년 기념 한국중세사논총』, 논총간행위원회.
______(2019), 「대구 지역 한 양반가의 일기자료를 통해 본 18세기 혼인풍속」, 『고문서연구』 54.
정해은(2009), 「조선 시대 태교담론에서 바라본 이사주당의 태교론」, 『여성과 역사』 10.
차명수(2009), 「조선 후기의 출산력, 사망력 및 인구 증가: 네 족보에 나타난 1700-1899년간 생몰 기록을 이용한 연구」, 『한국인구학』

32(1).

한지원(2012), 「1910년대 『조선위생풍속록』에 나타난 식민지 위생조사와 의료민속 실태」, 『역사민속학』 39.

Deuchler, Martinar(1992), *The Confucian Transformation of Korea: A Study of Society and Ideology*, Cambridge: Harvard University Press.

Huang, Philip C. C. (2002), "Development or Involution in Eighteenth-Century Britain and China? A Review of Kenneth Pomeranz's *The Great Divergence : China, Europe, and the Making of the Modern World Economy*," *Journal of Asian Studies* 61(2).

Lee, James, and Cameron Campbell (1997), *Fate and Fortune in Rural China: Social Organization and Population Behavior in Liaoning*, 1774-1873 , New York: Cambridge University Press.

Lee, James, Wang Feng, and Cameron Campbell (1994), "Infant and Child Mortality among the Late Imperial Chinese Nobility: Implications for Two Kinds of Positive Check," *Population Studies* 48(3).

Lee, James, Cameron Campbell and Guofu Tan (1992), "Infanticide and Family Planning in Late Imperial China: the Price and Population History of Rural Liaoning, 1774-1873," in Thomas Rawski and Lillian M. Li, eds., *Chinese History in Historical Perspective*, Berkeley: University of

California Press.

Lee, James Z. Cameron Campbell and Feng Wang (2002), "Positive Check or Chinese Checks?" *Journal of Asian Studies* 61(2)

Lee, Sangkuk and Byung-giu Son (2012), "Long-Term Patterns of Seasonality of Mortality in Korea from the Seventeenth to the Twentieth Century," *Journal of Family History* 37(3).

Macfarlane, Alan (1978), *The Origins of English Individualism*, Oxford: Blackwell.

Mercer, A.J. (1985), "Smallpox and Epidemiological-Demographic Change in Europe: The Role of Vaccination", *Population Studies*, 39.

Park, Heejin, and Duol Kim (2010), "Sources for an Historical Demography of Korea: An Introduction", *The Review of Korean Studies* 13(3).

Park, Hyunjoon and Sangkuk Lee (2008), "A Survey of Data Sources for Studies of Family and Population in Korean History," *The History of the Family* 13(3).

Peterson, Mark (1996), *Korean Adoption and Inheritance: Case Studies in the Creation of a Classic Confucian Society*, Cornell: Cornell University Press.

Telford, Ted A. (1985), "Fertility and Population Growth in the Lineages of Tongcheng County, 1520-1661," in Stevan Harrell, ed., *Chinese Historical Microdemography*,

Berkeley: California University Press.

Wrigley, E.A., Davies, R.S., Oeppen, J.E., and Schofield, R.S.(1997), *English Population History from Family Reconstitution 1580–1837*, Cambridge: Cambridge University Press.

Zhao, Zhongwei (2001), "Chinese Genealogies as a Source for Demographic Research: A Further Assessment of their Reliability and Biases," *Population Studies* 55.

今村鞆(1914),『조선풍속집』, 홍양희 역(민속원, 2011).

______(2008),『(韓國 近代)民俗 · 人類學資料大系 18, 朝鮮風俗資料集說-扇 · 左繩 · 打毬 · 匏』, 민속원.

速水融(2009),『歷史人口學硏究』, 藤原書店.

速水融 · 鬼頭廣(1989),「庶民の歷史民俗學」, 新保博 · 齋藤 修(編)『日本經濟史』.

鬼頭宏(2000),『인구로 읽는 일본사』, 손병규·최혜주 역(어문학사, 2009).

朝鮮農村社會衛生調査會(2015),『(韓國 近代)民俗 · 人類學資料大系 37, 朝鮮の農村衛生 · 土幕民の生活 · 衛生』, 민속원.

조선의 결혼과 출산 문화

1판 1쇄 발행 2020년 10월 9일
1판 3쇄 발행 2025년 10월 2일

지은이 · 박희진
펴낸이 · 주연선

총괄이사 · 이진희
책임편집 · 허단
표지 및 본문 디자인 · 이다은
마케팅 · 장병수 김진겸 이선행 강원모 정혜윤
관리 · 김두만 유효정 박초희

(주)은행나무
04035 서울특별시 마포구 양화로11길 54
전화 · 02)3143-0651~3 | 팩스 · 02)3143-0654
신고번호 · 제1997-000168호(1997. 12. 12)
www.ehbook.co.kr
ehbook@ehbook.co.kr

잘못된 책은 바꿔드립니다.

ISBN 979-11-91071-04-7 (93330)